现代科普博览丛书

科学发现与传奇故事

KEXUE FAXIAN YU CHUANQI GUSHI

宋发红　编

黄河水利出版社
·郑州·

图书在版编目(CIP)数据

科学发现与传奇故事/宋发红编.—郑州:黄河水利出版社,2016.12（2021.8 重印）
（现代科普博览丛书）
ISBN 978-7-5509-1466-7

Ⅰ.①科… Ⅱ.①宋… Ⅲ.①科学探索-青少年读物 Ⅳ.①N49

中国版本图书馆CIP数据核字(2016)第175291号

出版发行:黄河水利出版社
社　　址:河南省郑州市顺河路黄委会综合楼14层
电　　话:0371-66026940　　邮政编码:450003
网　　址:http://www.yrcp.com

印　　刷:三河市人民印务有限公司
开　　本:787mm×1092mm　1/16
印　　张:11.25
字　　数:160千字
版　　次:2016年12月第1版　2021年8月第3次印刷
定　　价:39.90元

目　录

恶魔

19世纪前,在欧洲对当时拥有大量牛羊的牧场主来说,非常害怕一种被称作“恶魔”的疾病。这种传染病如果在牲畜中流行起来,成千上万的牛羊就会在几天的时间里统统死光。今天的富翁,明天就会变成穷光蛋。

当然这种疾病也会传染到人体上,症状和肺炎相似,突然发高烧,也发生脓胞、水肿或痈,如果得不到及时治疗很快就会死亡。

患这种病的特征是,血液发黑,所以叫作“炭疽病”。

当时,人们没法解决这个疑难问题。

1.很像一根短棒

罗伯特·科赫是德国一个小镇上的医生,受过良好的教育,曾在格丁根大学学植物、物理、数学等,后转而学医,受过组织学家丁·亨勤、生理学家C·迈斯纳等的指导。科赫总为自己是一个医生却不能给人们治好病而烦恼。他认为医生之所以治不好病,是因为没有弄清发病的原因,如果知道了发病的根源,就可以研究出治病的方法。

科赫一心要为医学研究事业做出贡献,可有限的经济力量又阻碍他实现自己的愿望。

当科赫28岁生日的时候,很能理解他的夫人爱玛,用变卖了自己部分首饰的钱选购了一台显微镜，作为生日的礼物送给了他。

这是一份多么珍贵的礼物啊!望着久盼始得的显微镜，科赫几乎要掉下泪来，为了表达自己对夫人的感谢，他除给病人诊病外，将全部业余时间都投入到了研究工作之中。

开始，科赫无目的地观察着周围的事物，比如，一滴水中的微生物，腐烂食物中的细菌，酿造啤酒、葡萄酒的酵母，青蛙腿上的毛细血管……

一天，科赫出诊路过一个肉铺时，听到里边有人在议论：

“恶魔到了，霍威尔农场在一夜间就死了六头牛!”

科赫出诊后，急急忙忙地直奔霍威尔农场。

“科赫先生，您看怎么办？一夜之间就死了六头牛!”主人霍威尔伤心地诉说着。

科赫不想回答他的询问，只是用手术刀从牛的咽喉里，取出一点血块放进了试管。

“先生，这能使牛活过来吗?”

“不能，但是这很重要。”

“那么，您何必费这份心思?”

科赫又没有回答，因为他也不清楚这样会不会找出治疗的办法。

回家后，科赫在两块玻璃片上都涂了一滴血，放在显微镜下进行观察，他看到的是一个黑色血液的世界，连红血球都变得发绿了。

在一次观察中，他发现在黑色血液的世界里，有几粒像灰尘一样的东西散在血液中。

“这是什么呀?”

再仔细观察，看出这几粒灰尘似的东西很像一根小短棒，有

的是单独一根,有的是几根连在一起,很像一条线。

1849年,德国医生波伦第尔曾经提出过:

“在患有炭疽病的动物血液中,有小棒状的物体存在,这可能就是引起炭疽病的微生物。”

此后,德国的布拉威尔、法国的达维都进行过观察研究,他们都没能证明这棒状物就是炭疽病致病原因的病原体。

“怎样才能弄清楚这小棒状物就是炭疽病的致病物呢?”

科赫的头脑里整天想着这件事。他从肉铺弄来好牛、好羊的血液,放在显微镜下观察,在这些血液中根本没有发现这种小棒状物。

于是,科赫又想到:

“如果把这小棒状物放到健康的牛羊体内,可能会感染炭疽病的吧?”

这需要用动物来做实验。清贫的利赫根本拿不出大量金钱去买牛买羊进行实验,只好用专做实验的小白鼠来代替。

科赫把诊室隔成了两间,一间作为实验室,一间作为诊室使用。这是因为他还要靠行医的收入,来维持一家人的生活和用于研究的开销。

科赫的实验室实在简单,只有几只木箱,装着实验的小白鼠,一张木桌和一把木椅,还有他自己制作的实验工具。

2.一个简单而适用的点子

利赫十分热衷于自己的实验,每天早起晚睡地工作着,探索着。

木箱中因放入小棒状物,小白鼠果然死了。昨天还挺白的皮毛,今天也变粗而且发灰了。

科赫在用消过毒的解剖刀对死白鼠进行解剖时,小白鼠流出

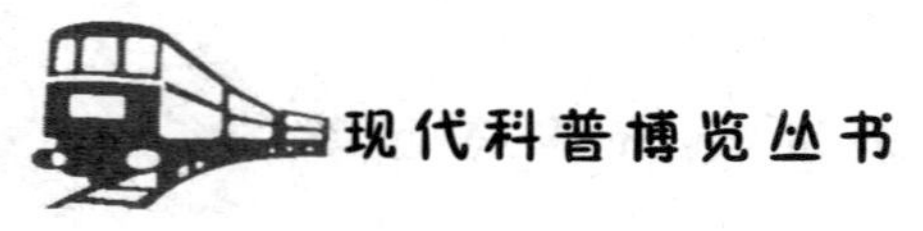

了黑色的血液。这只小白鼠也像患炭疽病死去的牛羊一样，脾脏肿大，口和肛门出血。他把一滴黑血放在显微镜下观察。

“哎呀，都是一样的小棒状物！”

在小白鼠的脾、肺、心的各个部分的血液里，都有黑色的小棒状物存在。

科赫又把这只死白鼠的血液注入到其他小白鼠的体内，次日前去一看，小白鼠已经死去。经解剖观察，仍然是脾脏肿大，口和肛门出血。一只死鼠的血液再注入到另一只小白鼠的体中，如此循环往复地进行。一个月中，科赫连续做了三十次实验，所有被实验的小白鼠都出现同一症状而死去。

尽管科赫完全可以确认这黑色的小棒状物就是炭疽病的病原体，但他仍觉得认识不够清楚，实验还要继续进行。他想：“如能观察到小棒状物最后成为线状物的生长过程，那么，炭疽病秘密的第二个关键就可以解决了。”

科赫觉得：“小棒状物既是一种微生物，能为它创造一个和动物体温一样的人工环境，再有足够的营养和空气，使它在人工环境中成长，另用一种可以直接观察的设备，一定能够洞察它的发展过程。

而后，他在涂片上滴上牛眼球的透明液，再用针挑进一点带病菌的血液，放在恒温装置里。

几天后，科赫在显微镜下明显地看见了在透明液中的小棒状物，左一堆右一堆地聚在一起。同时，他又发现，在这里面还混杂有不同的细菌。

这种办法不成，必须设法不使其他细菌混进来才行。

为此，科赫虽然很焦急，但是总也想不出个好主意。

一天，科赫突然想出了一个简单而又适用的点子。首先，把所用的涂片加热消毒，在一块涂片的四周涂上凡士林，然后滴入

一点透明液，再放进一块死于炭疽病的小白鼠的脾脏；接着用一块中间有凹窝的涂片，加盖在上边，由于凡士林的粘合，这两块合在一起的涂片组成的装置，不仅可以任意翻转，而且极容易观察。由于凡士林的密封，保证了外界的其他细菌不能混进来。

采用了这种办法，随时可以观察病原菌的培养情况，真是一个极为理想的装置。

兴奋的科赫一直守在旁边，观察着它的变化。

30分钟、40分钟过去了，变化并不明显，一个小时也过去了……两个小时后，紧张观察着的科赫看到在那块脾脏的周围，似乎有极小的东西在蠕动，接着又看见小棒状物的头部在动。小棒状物越来越多。

显微镜下直接看到的小棒状物在活动，在成长。在不知不觉中，小棒一分为二，它们的数目迅速增长。在脾脏周围的小棒状物，逐渐互相连接而变成了线状的东西。

“我终于看到它们成长的过程了！”

科赫高兴极了。

3. 又碰上一道难关

炭疽病的病原菌已经找到，并且又培养成功。但科赫还是不放心，更不打算公开发表，他觉得还应该再做进一步的探索。

这次，科赫用少量培养出来的炭疽菌，注入到小白鼠的体内。同时，又用一些炭疽菌放在新的培养液里，进行对比性的观察。

次日，经检查发现小白鼠全部死亡。而放在培养液里的炭疽菌却一如既往，像一把黑芝麻一样散在培养液里。

这种实验对科赫来说，已是司空见惯的工作，他乐于做这种反复的观察。当然，这也是为了观察得更透彻。

也是一个偶然的念头，科赫把最早培养出来的炭疽菌再做一

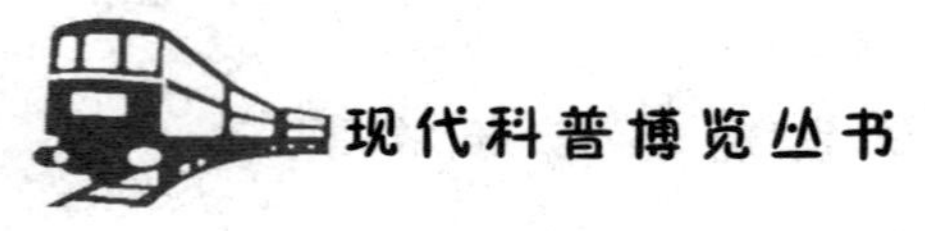

次观察。当他刚刚接触显微镜时，不禁惊异地大声说道：

“哟，这是怎么回事?!”

原来，前几次所见到的小棒状物几乎完全消失，显微镜所见之处，都是成串珠似的东西。

好事多磨，科赫的研究工作又碰上了一道难关。看来，科赫的谨慎还是很有必要的。

一天，科赫的朋友文略邀他到森林里去打猎，途中发现一只死野猪，看上去极像患炭疽病的模样。

集中精力于研究工作的科赫，马上放弃了打猎，就在现场用小刀对野猪做了解剖，果然血液发黑，脾脏肿大。科赫用小瓶取了些黑血，告别了朋友，急匆匆地赶回到家中。用显微镜一检查，血液中没有小棒状物，所见都是前些天从培养液中看到的那种成串珠似的小东西。

“这……这也许是在变化着的炭疽菌吧?”

明明都是炭疽菌的病原体，为什么有时是小棒状物，有时是线状，有时又成串珠呢?

科赫百思不解，背着手，在他那狭小的实验室里不停地踱来踱去。刹那间，科赫脑海中想起一件事：以前有人传说，就在那个森林中，曾有人放牧，在几个小时后，竟有许多牛羊患了炭疽病而死亡了。

“为什么？难道炭疽病会因地区不同而流行？难道炭疽病也会因与其他微生物混合而不繁殖？……不，不，啊，也许……”

尽管科赫认真考虑这个奇怪的现象，可是仍找不出一个可靠的理论根据。

当科赫读了法国科学家巴斯德对葡萄酒发酵问题的研究报告后，他得到了新的启发。

“是呀，炭疽菌也很可能是因生存条件不好，变为孢子而等待

时机。”

思路打开了，下一步的方案也就有了。

科赫仍是双管齐下。首先，从培养基里取出小串珠物体，注射到小白鼠的尾部，以观察反应。同时，他在涂片上滴入透明液，加入小串珠物体，加温，从显微镜中观察变化。

科赫从观察中发现，那些小串珠物体在分裂，分裂成一个个小黑颗粒，慢慢地从小颗粒变成小棒状物。

科赫实在太累了，伸了伸懒腰，他自言自语地说：

“……总算明白了！”

再看昨天注射的小白鼠，已经死掉。解剖观察，血液变黑，脾脏肿大。

他明白这只能说是刚刚知道了现象。作为科学研究工作，还必须在反复实验中，观察、分析、推理、再观察。

终于酝酿成熟了，于是，科赫在自己的实验报告中写道：

“在寻找传染病的病原菌时，应该注意：第一，同一种微生物，会因条件、环境不同而变换它的形状；第二，必须把这种微生物进行人工培养，观察它的生长变化以用于实验；第三，必须用培养物在动物身上进行实验，以确证是否能引起疾病发生。”并详细地介绍了实验的方法。在最末部分里又具体提出：

“炭疽病在活着的动物体内是以小棒状物存在。在动物死后或离开动物身体时，由于客观条件恶化，它以小串珠子形式的孢子存在；至于在野外，它是以小得眼睛看不见的串珠形式散在各个角落。当它再进入动物体内时，马上恢复成小棒形状开始迅速繁殖，进而破坏血液。”

科赫充满信心地将实验研究报告送给当时著名的科学家费迪南博士。

在费迪南博士的支持下，1875年4月30日，科赫在知名的病理学家康海姆教授等科学家面前,举行了公开实验。

1881年,法国的一位科学家巴斯德制备出了减毒炭疽疫,用牛羊试验证明效果甚好。从此号称“恶魔”的炭疽病被攻克。

科赫的研究揭开了多少年来不能理解的谜,为人类探索炭疽菌的发生和发展,做出了贡献。不仅如此,他与巴斯德又同是微生物学的主要奠基人,他所创立的感染疾病的几条证据,被医学界称为“科赫原则”,至今仍广泛应用。

狂犬疫苗

1878年12月10日的中午。

特尔逊医院的兰努隆先生的车夫,十分火急地来到巴斯德研究所,将一张纸条交给巴斯德,纸条上写着:

“现有一个5岁的男孩入院,经检查是狂犬病患者,请快来!”

此时的巴斯德虽因研究发酵和蚕病,做出了贡献,拯救了法国的酒业和蚕丝业而誉满法国,但已身患偏瘫、行动不便,坚强的他头脑依然清晰,依然对人们的病患倾注着满腔热枕。巴斯德一边看着手中的纸条,一边命令助手准备应用的器具。

当巴斯德赶到医院时,这个小男孩已经出现痉挛,医生采取相应措施后,虽然痉挛停止,但喉咙就像被卡住了,发出怕人的叫声。小孩要喝水,可是怎么也喝不到口里,水从口角流了出来,口里吐着唾沫。

过了一会儿,小孩刚刚安静想要入睡,痉挛又发作起来,喉咙又发出像被卡住了的怕人叫声……

在一再发作中,这个男孩气力逐渐有些支持不了,他乱搔乱

抓地舞动着胳臂。由于不能喝水，唾沫堵塞着喉咙，呼吸更加困难，终于窒息而死。

巴斯德难受地看着男孩死去。

1. 用减毒法培养疫苗

男孩死后24小时，巴斯德把从死去孩子口中取出的唾沫加水稀释，然后分别注射到五只兔子的体中观察，不久，这些兔子都得了狂犬病死去。巴斯德又从这些死兔子的口中取出唾沫，加水稀释后再注射到其他兔子的体内，这些兔子也都死了。

看来，唾沫中可能就有引起狂犬病的病原菌，巴斯德用显微镜反复观察，却怎么也找不到病原菌。

"找不到病原菌，并不能认为就是没有病原菌，肯定是有的。找不到病原菌，就不能征服狂犬病！"巴斯德静静地思索着。

巴斯德的助手鲁沃是个医生，他从医生的角度对狂犬病做了仔细的观察，发现不论是狗还是兔子或是人，只要得上狂犬病都要发生痉挛，不能吃东西，症状完全一样。经解剖观察，知道了狂犬病主要是影响神经，当影响到脊髓后，就要出现神经麻痹而死亡。

于是，他提出一系列的设想：病原菌既然在病体的各个部位都找不到，肯定是在脑髓或脊髓中繁殖，如果用病体的脑髓接触健康狗的神经，狗一定会发病。如果把带菌的水注射到健康狗的脑髓里，就一定会更快发病。于是，鲁沃向巴斯德提议说：

"先生，我们在狗的头盖骨上开一个洞，从这里对脑髓进行注射观察如何？"

"不，这种方法太残酷了，在头盖骨上开洞，容易破坏脑髓，造成死亡。"巴斯德不以为然地回答。

就外科手术来说，在头盖骨上打洞并不是困难的大手术，这

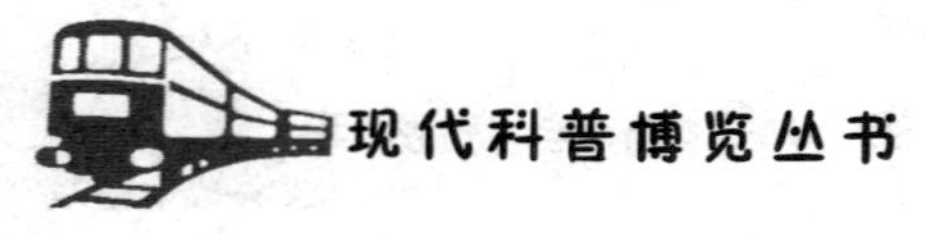

一点鲁沃是清楚的。鲁沃趁巴斯德外出的时候,在一只健康的狗的头盖骨上开了一个洞,把带菌的水注入狗脑中。

当巴斯德回来后,鲁沃向他报告了事情的经过。

“唉,太残酷了,可能已经死了吧?”巴斯德说。

这时,那只头上开过洞并绑着绷带的狗从门外跑了进来,在巴斯德周围欢快地摆动着尾巴。巴斯德摸摸狗的头部说:

“可怜的小家伙!”

这只狗终于在第十四天发病,于第十九天死去了。继续用同样的方法对十只兔子进行实验后,情况完全一样,实验证明了眼睛看不见的狂犬病的病原菌是在狗的脑髓里。

他们想把过去培养鸡霍乱疫苗的办法应用到培养狂犬病的病原菌上来。这是一件复杂的工作,他们虽然绞尽了脑汁,但不论怎样实验,制造出来的疫苗都是毒性不减。

毒性不减怎么能用于试验注射呢?巴斯德和他的助手们都很焦急,但是又没有更好的办法。

一天,巴斯德在庭院中一边散步,一边想着对策,突然,他想出了一个方案,急忙回到研究室。

他首先摘下一个因狂犬病刚死的狗的脑脊髓,把它切成了小块,装到玻璃瓶中密封起来,把它和外部隔绝,以防浸进其他细菌。放在20℃左右的地方进行干燥。

24小时后的第一天,巴斯德取出一点点给一只狗做了实验性的注射;48小时后的第二天,又取出一点点给另一只狗进行注射……如此这般继续下去,两个星期后,也就是第十四天的时候,那只第一天注射的狗开始发病,接着每天都按着注射的顺序一只接着一只地发病,不久,又一只接着一只地死去了。

在他们实验的小屋子里,每天都有一只实验的狗死去。

说也奇怪。一天早晨,当助手到小屋来检查时,却发现有的

狗没有发病,同时,发病的狗也没有死去。

第二天也是这样,这是一个可喜的迹象。

“先生,发病的狗没有死。”助手把情况报告给巴斯德。

“好,我们的实验收到了效果。这是哪天注射的狗啊? ”

“经过第十四天以后的干燥物所注射的狗都没有死。”

“太好了,我们现在再进行一次比较有把握的实验。从今天开始,在剩下的两只狗身上,先用经过第十三天的干燥物。再用经过第十二天的、第十一天的干燥物,以逐步加强毒性进行实验观察。”

于是,一天一天注射下去,到了第十四天药已用完了,按一般情况两只狗都应该发病,但是这两只狗都没有发病。第一步取得了成功。

他们又把这两只与到患狗移在一起,进行另一次实验,这两只狗既没有发病又没有死亡。他们又从兽医那里找来没有进行过预防注射的两只狗,连同这两只经过多次实验的狗与病狗一起做第三次实验。四只狗都被患病的狗咬过,两只没经过预防注射的狗死了,而经过预防注射的两只狗却安然无恙。

实验证明是成功了。巴斯德和他的助手为此已经奋斗了三年了。这时已是1881年了。

2.不能所有的狗都注射疫苗

巴斯德发现了狂犬病疫苗的消息,在世界上飞速地传播开了。

但这时巴斯德并没有满足于自己取得的成就,他在想如何才能从地球上把狂犬病彻底消灭的问题。他想:将所有的狗都注射上疫苗不就能彻底消灭狂犬病吗?

这种想法是完全不可能的。因为仅巴黎市当时就有十万只狗，法国全国大约有250万只。那么用什么办法才能行呢？当然，最好的办法是给被狂犬咬伤的患者注射疫苗。

“给人注射这种疫苗有把握吗？”

“已被狂犬咬伤再进行注射疫苗来得及吗？”

两个疑难问题在巴斯德的头脑中翻来覆去地折腾着，为了这两个问题，巴斯德考虑了又考虑。

“好吧，我自己亲自试验一下。”巴斯德下定了决心。

“不，先生，您不能，我来试验！”一个助手阻拦道。

“不，还是我来！”巴斯德不同意。

由于大家争执不休，试验始终没能开始。

1885年7月6日的早晨，突然，从研究所门外进来一位面带愁容的中年妇女，她领着一个小孩，用恳求的语调对巴斯德说：

“先生，请您救救我的孩子吧！……”

巴斯德面对着母子二人，心中一切都明白了。

这个名字叫麦士特的九岁小孩，是在放学回家的路上被狂犬咬伤的，妈妈恐惧地带他到医院检查，医生说：

“这伤很危险，您得赶快去找巴斯德先生。”

麦士特身上有十四处受伤，情况确实很严重。但巴斯德还没有做过狂犬疫苗的临床实验，这种疫苗对人有什么影响，是否有效还是问号，巴斯德又不肯拿人来做冒险的实验，正在拿不定主意的时候，巴黎的两位名医也闻讯赶来了。

“巴斯德先生，您就大胆地注射吧！只要有一线希望，我们就要争取啊！”两位名医鼓励道。

不能见死不救呀！巴斯德只好狠了狠心，决定进行抢救。

在当天晚上，他们把经过干燥十四天的疫苗，仔细加水调制后，进行了第一次注射。第二天，第三天……很快就是最后一次注射了。

这是最关键的最后一次注射,麦士特是否能挺过这一关,多么使人担心呀!

巴斯德亲自给麦士特做了注射后,摸着孩子的头部,带着一种忧虑的声音说:

“小麦士特,好好地睡吧,晚安!”

“爷爷晚安!爷爷,别用那只小白鼠做实验好吗,我太喜欢它了。”

“啊……”

巴斯德精神紧张地度过了这一夜。第二天早晨,孩子的情况非常良好,大家悬着的一颗心总算放了下来。医生也参加了会诊,认为麦士特的病情完全好转,已脱离了危险。

当小麦士特出院的时候,巴斯德高兴地把那只小白鼠装在笼子里送给了孩子,麦士特愉快地提着小鼠笼,同妈妈回家去了。

麦士特痊愈的消息越传越远。来自世界各国各地的贺信,像雪片似的涌到巴斯德研究所。

同年10月20日,又一个十五岁的男孩基比尔得救了。原来基比尔和他的五个同学正在山上放羊,一只狂犬奔来,正在做游戏的基比尔首先发现了,他连忙大声呼喊:

“快跑,你们快跑,狂犬来了!”

孩子们都跑掉了,基比尔独自挺身和狂犬搏斗,基比尔最后虽把狂犬按到水中窒息死去,可他也受了重伤。当人们把基比尔送到巴斯德研究所时,已是伤后的第六天了。

巴斯德按照前一次的过程,谨慎地进行了注射,基比尔安然脱险痊愈。

两次的成功,证明了狂犬疫苗的特效。

巴斯德研究所不仅有狂犬病患者前来就医,更有一些医生也在这里学习制作和使用疫苗的方法。

从美国来的四名儿童患者治愈后回到美国时，在码头上居然受到很多群众的欢迎。在次日的报纸上，发表了以“伟大的学者，人类的恩人”为醒目标题的赞扬文章。

不久，从俄国又来了十九个农民，他们都是被疯狗咬伤的，为治病远道而来。由于路远，当他们赶到法国时，已经是伤后的第十五天了，情况十分严重，这就是说他们已经到了即将死亡的时刻。

抢救垂危的病人对巴斯德又是一场新的考验。巴斯德组织了全所的研究人员和医生，对病情做了认真、仔细地分析，断然决定：一天注射两次进行紧急抢救。

经过紧急抢救后，终于挽救了十六个人的生命。当世界上都在为这一伟大成就欢呼的时候，巴斯德仍为三位死者而悲伤。

俄国皇帝为此专派了使者，授予巴斯德最高俄罗斯勋章和许多金钱，以表达他的感谢。

巴斯德拯救了许多病人，世界各国人民为他的伟大功绩，给他送来了荣誉、金钱和物资，巴斯德并没有独占这些应得的享受，他用这些财富重建了一个规模更加宏大、设备更加完善的研究所，这个研究所在19世纪至20世纪的微生物学发展中起了重大作用。

巴斯德是微生物学的两位主要奠基人之一，由于他原来学的是化学，更重视从功能角度研究微生物，他在免疫学上迈出了重要的一步。

牛痘疫苗的发现

天花在人类历史上曾经肆虐一时，严重地危害过人们的健

康,甚至关系到政权的存亡。

据说,李自成的农民起义军之所以不能在北京落脚,其中一个重要原因是流行的天花使他们丧失了战斗力。后来清军访京,也曾受到天花的威胁。天花给人们造成的灾难甚至使掌权者把是否出过天花作为能否继承皇位的标准。名垂青史的康熙帝之所以能够继承皇帝,很重要的一条是他已经出过天花。

在国外,天花的危害也非常地严重。据说法国勃艮第女王奥斯特里基德患了天花,当然谁也没有解救她的办法,只有等待着死神的召唤。残暴的女王由于求生不得,转而寻找报复以泄内愤。于是,她对丈夫说:

"亲爱的,请赏赐给我最后的恩典,如果那些御医不能挽救我的生命,就请您把他们杀掉!"

女王患了不治之症的天花,这能怪谁呢?可那些无罪的御医却倒了大霉。

17世纪初,天花曾经一度在西伯利亚流行起来,一场大难之后,据说西伯利亚的人口大约死了一半。一个历史学家描述当时的情形说,天花过后,这里的许多村庄几乎看不见一个人了。

1.一个爱动脑子的青年人

鲁迅在《拿破仑与隋那》一文里讲过,"我们看看自己的臂膊,大抵总有几个疤,这就是种过牛痘的痕迹,是使我们脱离了天花的危症的。但我们有谁能记得这发明者隋那的名字呢?"

隋那现在一般都译为詹纳,是18世纪末英国的一位医学家。1749年5月17日,詹纳诞生在英国柏克辛镇的一个牧师家中。他从小喜爱医学,十三岁由学校毕业,声称不愿继承父业,而跟着左德堡的医生卢德洛学医。

詹纳在这里学了七个年头。

一天,一个农村的挤奶妇女前来看病。

“医生,这几天我感到不舒服,浑身无力!”

卢德洛医生经过一番检查,确认是天花,说道:

“你应该休息,要注意啊,你得了天花!”

那个妇女却蛮有把握地说:

“不,我已出过牛痘,不会再患天花了。”

卢德洛医生当然不肯相信,而站在一边的詹纳也只是惊奇地一听一看罢了。

几天后,詹纳凑巧在小镇上遇到了这个妇女。她身体健壮,精神振奋,没有病容。毫无疑问,这个妇女没有得过天花。

“难道是判断错误,还真是因为感染过牛的天花,而躲过了这场灾害?”詹纳在脑子里连连画了好几个问号。

但在当时,詹纳没有答案,别人更不会有答案。

1770年,21岁的詹纳到了伦敦,在著名的自然科学家和解剖学家亨特的指导下继续深造。聪明而勤奋的詹纳使亨特十分满意。

一天,詹纳对亨特说:

“先生,人们都对天花没有办法,我想进行研究,您看行吗?”

接着,詹纳就将他看见过的和想过的一些有关天花的问题,向亨特进行了详细的说明。

亨特先生非常高兴地回答说:

“好,想得很好,应该着手进行研究。你必须坚持到底,要有铁的意志,不能有百分之一的差错,这就是科学。你一定要记住。”

先生的教导使詹纳深受感动和鼓舞。

1773年,詹纳拒绝了各大医院或研究所重金厚礼的聘请,回到了自己的故乡柏克辛镇。柏克辛镇是个盛产牛奶的地方,这里的农民都从事养牛工作。

在此之后的20年中，詹纳一边为家乡的人们热心工作，一边孜孜不倦地进行调查，研究天花的治疗方法。

詹纳从积累的资料中，发现在地主、神父中得天花的人多。凡是患了天花的人，很多人都痛苦地死去，但在死者当中连一个挤奶农妇也没有。这使詹纳不由得想起20年前在左德堡看到的那个农妇所说的话："我已经出过牛痘，不会再患天花了。"

"啊，那位农妇说得可能有道理！"

于是，詹纳来到奶牛场的现场观察牛痘的出现过程。他年复一年地仔细调查牛痘出现情况，认真观察挤奶妇女从奶牛身上感染牛痘的过程，以及怎样轻松地度过天花这一难关。人在为正出痘的牛挤奶时，手里沾上了牛的豆浆，就会得牛痘，于是手指间会出现水疱，伴随发生低烧，同时感到不适及局部淋巴腺肿，但不久即可痊愈，没有致命的危险。

调查研究的结果，把从奶牛身上感染的牛痘脓浆，再接种到其他人身上，经过轻度不适之后，平安无事地度过了天花的威胁。

2. 接种牛痘的实验

1796年5月14日，詹纳的研究工作已经进行了二十四年了。正确还是错误，还必须通过实践来验证。尽管詹纳深信自己的研究正确，今天，要进行正式的决定性试验之前，心中仍不免忐忑不安。

早早起床的詹纳，在诊室里重新检查了一切准备工作。

九点钟，第一个接受接种的人——八岁的菲普士安静地坐在椅子上，嘴里津津有味地吃着苹果。片刻，一位不久前从奶牛身上感染天花的妇女走了进来。四周站满了观众，这里边有关心詹纳的试验工作成败的知心朋友，有出自好奇的神父，还有不少其他人。

詹纳紧张地在男孩的左臂上做了清洗，尽管那时人们还不懂什么叫消毒，但还是知道应该干净些。再用小刀在上边轻轻一划，然后从那位女人的豆浆中取出一点鲜豆浆，把它接种到孩子臂上被划破的地方。

后果如何，有待观察。

詹纳每天都到小菲普士家看望，一天，两天，三天……过去了，孩子没有任何不适反应，五天后，出现了微烧，食欲不振，接种的地方开始化脓，出现了类似天花患者的症状。

詹纳的心情感到格外紧张：试验嘛，成功是可能的，但失败也不能排除。

一周后，孩子逐渐恢复正常，又过了一周，小家伙完全像以往一样健壮而活泼。詹纳一直悬着的心，总算踏实下来了。

接种牛痘的试验成功了！

3.再冒一次风险

詹纳的试验只意味着接种成功，并不等于可以预防天花的发生，要取得真正的胜利，还要再闯一关。

詹纳不敢有分毫的疏忽大意，是的，百分之一的差错也能导致全面的失败，关系实在重大。

詹纳继续深入地试验研究下去。他用牛痘在六岁的女孩萨玛兹、八岁的男孩皮特身上做了试验。同时，又在马格洛夫等人身上也做了接种观察。

事实证明，确无百分之一的差错。更进一步的研究是什么呢？

詹纳把从人身上取来的“人痘”接种到牛身上，再把“牛痘”接种到马身上，再把“马痘”接种到牛身上，如此翻来覆去地进行试验观察，天花经过牛体之后，天花的毒性大减，完全可以抵抗外来

天花的感染，这就是医学上所说的免疫。

又经过三年的观察，更加摸清了接种牛痘对抵抗天花的安全性和必要性。

1798年，詹纳在五十岁时，他把自己的这一发现写成论文《牛痘的成因与作用》，送到英国皇家学会，希望得到承认。

4.不怕遭受诽谤和攻击

皇家学会的权势者瞧不起这位置身于农村的医生，拒绝出版詹纳的研究成果，尽管多次争取仍不成功。一年后，詹纳只好自费出版这本仅有七十五页的小册子。

著作问世了，继之而来的不是热情支持，更不是赞扬，却是刻薄的诽谤和无情的攻击。

攻击来自守旧的医疗界同行和教会，他们把接种牛痘视为大逆不道：

"以牲畜的疾病来传染人就是亵渎上帝的行为！"

"对于这些背叛上帝的胆大妄为者，其后果是可以想象到的！"

"接种牛痘全然是魔鬼的谎言！"

一些新闻记者写道：

"你相信种牛痘的人不会长出牛角吗？"

"谁能保证人体内部不发生使人逐渐退化为走兽的变化呢？"

在一些不三不四的书籍插图里，竟画着一个长着乳牛面孔，前额长着两个大脓包，好似刚刚长出的两只茸角的男孩像，下边还写着：

"这个男孩渐渐在失去人的特征，而他的面孔快要变成奶牛的嘴脸了。"

报纸上也不断出现一些荒诞的报道，公开造谣说：

“某人的小孩接种牛痘以后，咳嗽的声音就像牛叫的声音一样，而且全身长出了牛毛。”

“某些人的眼睛已像公牛般的斜着看人了。”

詹纳还收到许多诽谤信和恐吓信……

然而他坚信科学终将战胜愚昧，真理必将征服邪恶。他在给朋友的信中说：

“我一生从来没有遭受过像现在这样的打击，我好像乘着一只小船，快要到对岸了，却受着狂风暴雨的袭击。但这只已经扬帆起航、决心到达彼岸的小船，应该再受一些狂风暴雨的袭击！”

4. 他为人类消灭了“天花”

科学必然战胜迷信，诽谤、攻击只是一小撮居心不良的小丑玩弄的伎俩。天花继续泛滥，种过牛痘的人却安然无恙，种牛痘能预防天花已成为抹杀不了的事实。当那些求神、祷告的人们得不到上帝的保佑时，便自动向这位伟大的发现者求救。而那些造谣诽谤者面临天花威胁的时候，也只好偃旗息鼓，诚惶诚恐地接受牛痘的接种。

因患天花而得救的人，仅就英国来说，每年达四万五千余人。

在大量的事实面前，英国政府终于承认了詹纳的研究成果。1802年，英国国会以一万英镑奖励詹纳的伟大发现，1806年又奖励了两万英镑。俄国皇帝赠送给他一个宝石戒指作为纪念。詹纳用一部分奖金为第一个接受他种牛痘的孩子盖了一幢房子，并亲手在房前种了蔷薇花。但他还是拒绝到英国政府去当官，仍在家乡当乡村医生。

詹纳的著作先后被译成法、德、西班牙、俄、中等国家的文字，种牛痘免疫在世界各地广泛应用。

1823年，詹纳在七十四岁时与世长辞了。为了纪念这位平凡

而又伟大的乡村医生，1857年的5月14日，也就是詹纳1796年第一次给小菲普士接种的日子，在伦敦举行了詹纳纪念像的揭幕式，雕塑家精心制作了一座詹纳为菲普士接种的雕像。他的碑铭上写着：向母亲、孩子、人民的英雄致敬！从此，人们为纪念詹纳的伟大贡献，把每年的5月14日定为“种痘节”。

人们与天花这一严重危害人类健康和生命的传染病作了长期不懈的斗争，终于迎来了天花在世界上绝迹的一天——1980年世界卫生组织宣布天花已在全世界被消灭，这是人类消灭的唯一传染病。

生活中的电视机

1873年，一位叫史密斯的电气工程师，在工作中发现了一个怪现象。

史密斯使用了一种叫硒的物质，去改造海底电缆的一个装置。硒早在19世纪初已被发现，并确认是一种不导电的元素。在试验中史密斯发现，硒遇见阳光就像电池一样会产生出电。

“这是怎么回事呢？”

史密斯以为是电缆装置里出现了什么问题，于是对这个装置进行了反复的检查，检查后却什么问题也没有发现。

硒在阳光下就会发出电，遮住阳光，电就没有了。史密斯把这一发现在报纸上做了公开发表。

在这以前人们普遍认为，只有电池或是发电机才能有电，因此史密斯的发现引起了科学家们的注意。

美国一位叫肯阿里的工程师听到这个奇怪的发现后，他在两

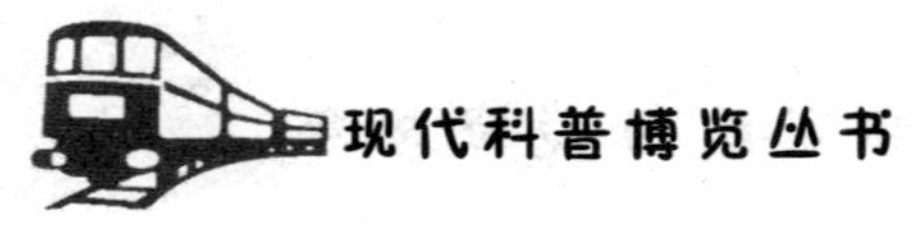

块金属板中间夹上硒做了一个特殊装置，这个装置在阳光照射下，会从金属板发出微弱的电流，因为这是光发电，所以他把这个装置叫“光电池”。这时贝尔已发明了电话。

1.像电话一样

光电池这种在强光下产生强电流，在弱光下产生弱电流的现象，多么像贝尔发明的能随着声音的大小而使电流变化的电话。

于是，肯阿里想：电话能够传送声音，那么用光电池的电能不能把图像或景物传送到远处去呢？

1875年，肯阿里自己研究并制作了一个实验装置。他把报纸上发表的照片用黑白小点组成图；同时，又把许多硒的小颗粒密集地排列在一块板上，另外又做了一个用小灯泡密集排列的装置，每个小点和小灯泡之间一个对着一个都用电线连接起来。

肯阿里的设想是，把用黑白小点组成的图放在硒板前用灯光照射，由于硒对光的感应，黑点的地方接受的光比较弱，硒粒发出弱的电流，白点的地方发出强的电流，这样，硒粒产生的强弱电流通过电线，传到装置上的各个小灯泡，这样一幅灯光的图就会出现。

设计的道理是对的，但却没能实现，原因是硒所产生的电流实在太弱，不能使小灯泡发亮，而且在许多小硒粒上一个一个连接电线就存在很大困难。实验失败了。

十年后，电话在世界上开始广泛普及。有位名叫尼普科夫的德国工程师重新想起了肯阿里的实验，他认为利用光电管一定能把图或景物传送到远处。

尼普科夫沿着肯阿里研究的方向继续前进，他通过不断总结摸索，提出了新的方案。

尼普科夫设计出了一种圆盘，圆盘的四周按螺旋形开了若干

个小孔，圆盘转动的时候对图像进行顺扫描，并通过硒光管进行电转换，实现画像扫描的设想。

苦干三年的尼普科夫，于1884年完成了自己的设计，但是在试验时，也是由于光电池所产生的电流太弱，达不到要求而终告失败。

失败并不意味着尼普科夫提出的方案有什么根本性的错误。这种圆盘被后世称作尼普科夫圆盘，是解决电视机械扫描的经典方法，为电视的产生发挥过重要作用。

2. 爆炸性的新闻

1912年，德国人耶斯塔和盖特二人发明了光电管。光电池只是使光产生电，产生的电流比较弱，而光电管则是根据光的强度不同而转换为不同强度的电能作用。光电管和光电池相比，光电管的效能可就大得多了。经过研究改进，1924年，光电管达到了完善地步，而且已用于各个方面。

光电管的完成，与即将出现电视的距离又缩短了，这时，美国的福雷斯特已经发明了三极管，这是一个有放大作用的装置，它能把微弱的电流放大。

科学家们的辛勤劳动，就像玩积木一样，你垒一块，我垒一块，一个美丽的大厦在他们的共同努力下，一天比一天高。

1888年出生于英国苏格兰赫林斯的贝尔德，从小就有着丰富的想象力。他成人后，对这样一个问题很感兴趣：既然马可尼能够实现远距离发射并接收无线电波，发明了无线电，那么发射图像也是可能的。这个想法的确立使贝尔德焕发了勇气和力量，他决心继承科学家们的研究成果，继续实验。

一张拍摄得很好的照片有着不同的光亮与阴影。如果在靠近一块硒板的地方放一张照片，再把一束光投射到照片上，并移动光束照遍照片的各个部位反射到硒板上，那么硒板上的感光便会随着图像的明暗变化而产生各种强度不同的电流。这一过程称为图像的“扫描”。然后电流便被输送给发射机，由发射机用线路或无线电波发射出去，再由接收机接受，并把电波转换成明暗不同的图像。不过，这一过程只能产生静止图像。

但是电视机需要的却是活动图像。我们知道电影的原理是在银幕上放映许多图像，一张紧接一张，速度之快使人感觉不到图像之间有任何间隔，因而看到的是一个活动的完整画面。电视也采用了这一方法。不过要麻烦得多——不仅要扫描、转换成电流、发射，再变成可见的图像，而且一秒之内图像必须多到二十张，以获得连续运动的印象效果。

贝尔德的工作条件尽管很差，一间房子既是卧室又是工作室，但他还是着手制造第一台电视机。他把钻了许多洞的圆盘安装在一根织针上进行扫描。他将光投射到转动的圆盘上，圆盘按固定的顺序照亮了图像的不同部位并将其转换成电流。他将这些强度不同的电流发射给一米以外事先准备好的接收机，接收机又将电流变成图像。

1925年，伦敦一家公司请贝尔德在一个大商店里一天表演三次。虽然图像有些模糊，但那台电视机的性能还算不错，人们对表演很感兴趣。1926年，他又给报界作了一次表演，这次他请了一个勤杂人员作为屏幕人物。人类看见自己在电视屏幕上出现，这还是第一次。此后，贝尔德又继续努力接连传出喜讯。

1927年，他和同伴们通过电话线在相距数百公里的伦敦与格拉斯哥间进行图像传输。

1928年，他又在伦敦与纽约间成功地进行了电视收发试验。

1929年，英国广播公司开始机械电视试播。

1931年，英国的伦敦出现了一个爆炸性的新闻，将在伦敦大

剧院进行电视公开试验。

人们奔走相告，个个争先恐后地涌向大剧院，都想要亲眼看看这个人类幻想已久的、能把图和美丽的景色用电传送到另外地方的新发明。

赛马，在当时的英国来说，是一种流行的娱乐活动，每场赛马会总是吸引成千上万的观众。贝尔德利用人们的这种爱好，选择了伦敦赛马场的赛马比赛做公开的电视试验。相距23公里的伦敦大剧院里人山人海。

当简陋的电视机上出现了赛马场面时，人们大声欢呼，马在奔跑，人在欢叫……剧院里观众的情绪，随着赛马场上的气氛时起时伏。

贝尔德的公开试验取得了成功，世界各国正在研究电视的科学家们也加倍着努力工作。

第二年，美国的纽约市有了歌剧实况电视广播。

3. 日新月异的电视机

一个复杂的发明创造，涉及各个知识领域，不可能由一个人或在一个短的时间内完成。

最初的电视机在今天看来，未免有些怪里怪气，放映出来的景象又是那么模模糊糊。人们会笑它笨拙、原始，但这正是向更高发展的开始。

电视机最初是极为简单的，后来，越发展越大，图像、声音也越来越美；到了今天，不只是由黑白电视发展到彩色电视，电视在收发技术、接收机的性能、式样、组成材料真是日新月异，今年的畅销品，明年便成了滞销货。过去说秀才不出门便知天下事，那只是说读书人多读了几本书，知道一些历史上发生过的事，如今却不同了，通过电视人们几乎可以知道全世界每个国家正在发生的事，有时甚至可以有亲临现场的感觉。所以电视已由个别人观赏的高档消费品，变成了大陆货，不仅黑白电视正在被淘汰，一般彩色电视也逐步失去了人们的青睐。在我国，电视村村通工程实施后，电视成了人们工作、学习、娱乐的必需品，成了几乎家家拥有的电器。在这个时候，我们怎能不怀念那些为创造这一切而孜孜不倦，攻克道道科学难关的先驱者。怎能不以他们为榜样去攀登新的科学高峰。

居里夫人发现钋和镭

在法国巴黎的南端，有一个叫作蒙斯莉的公园。在这个公园旁边的一个公寓里，住着一对年轻的夫妇。

年轻夫妇的室内陈设极为简陋，一张白木桌和两把椅子，桌上放着书籍、一盏煤油灯和一瓶鲜花，墙上甚至连一幅法国人通常爱好的油画都没有。

在一张桌子的一端，坐着一位长着短髭、年近四十岁的男人，正奋笔疾书；另一端坐着一位年轻美丽的妇女，在读着什么论文或报告。

在黯淡的煤油灯下，两人是那样聚精会神、专心致志地工作和学习着。

突然，那位妇女抬起头说：

“比埃尔，我想接着贝克勒尔先生的实验，继续研究铀的射线，你看怎么样？”

男人停下了手中的笔，用疑惑的口气说：

“铀射线，你？”

“是呀，我看了许多资料，我对铀的研究很有兴趣。您看，贝克勒尔先生的研究去年才完成，对这项研究至今还没有一位科学家去进行。”

两人相对一笑，在无言中意见一致了。

短髭的男人是法国巴黎大学的教授比埃尔·居里先生，妇女是来自波兰的玛丽·斯可罗多大斯卡，也就是居里夫人。

他们的生活是幸福的、愉快的，他们的目标是共同的、一致的，他们所从事的事业也是崇高的、伟人的。

夫妇二人一生的科学事业，就是从这间简陋的公寓里，揭开了第一页。

1.热爱科学的波兰姑娘

1894年的一天。

科尔瓦斯基教授来到了好友居里的公寓说道：

“对不起，我认识一位正在巴黎大学读书的波兰姑娘，为了缴学费，她接受了一项钢磁性的研究任务，找不到实验室，我想请您帮帮忙！”

于是，比埃尔·居里先生和玛丽·斯可罗多大斯卡在科尔瓦斯基教授的家里会了面。

科学为她二人牵了“线”。

相似的家境、相似的个性和共同的科学理想，把他们紧紧地结合在一起。

时间又把他们的友谊延长并加深了。

第二年，立志不嫁的玛丽和立志终身不娶的比埃尔终于改变了主意，结婚了。

一无所有的小家庭里，只有作为结婚纪念的两辆自行车是他们新增加的财产。

新家庭只有居里先生的五百法郎的薪金，好在居里夫人善于经营，生活颇能过得去，不过他们还必须节约过日子。

他们的文娱生活，就是骑自行车郊游，因为这最省钱。

1896年8月，居里夫人完成了求职考试，同时也完成了国家工业促进会委托的研究任务。

居里夫人没有为生活而去正式参加工作，继续奋发要通过博士学位的考试。

1896年，法国科学家贝克勒尔发现，一种含铀的物质不需暴露光下，本身就会发出某种性质不明的看不见的射线。如果把铀的化合物放在用黑纸包着的照相底片上，它会透过黑纸在底片上留下印痕。同时，这奇怪的射线还能把周围的空气变成导体，而使电器放电。问题是，贝克勒尔对这种射线的性质和它的来源没有弄清楚。

"选题提得好，既然打算研究，就干起来吧！"

既是丈夫、又是老师的比埃尔，完全同意妻子的想法，这对玛丽确实是一个极大的鼓舞。

2. 一种新元素

居里夫人在学校借了一间仅有一个小窗的储藏室，这里潮湿，不通风，只有两张旧桌子，一块黑板和一个旧铁炉。然而，这对居里夫人来说，已经是很满意的了。

她利用自己丈夫发明的电气计测仪表，首先测得了铀的放射性强度。后来，她对已知的化学元素一一进行了检查和研究，发现元素钍和钍的化合物本身也具有放射性，其放射性强度和铀的射线相似。于是，她和居里先生商量说：

"比埃尔，这种现象和这类具有特殊射线的化学元素，我们总得给它命个名字。"

“那就把这种现象叫作放射性，而那具有特殊射线的化学元素嘛，不如就叫做放射性元素吧！”

为这一发现着了迷的居里夫人，整日把自己关在实验室里拼命地研究着。在对含铀量较高的沥青矿物的研究中，居里夫人又发现了一种比铀和钍的放射性强度大得多的未知元素。她感到非常惊奇，怀疑自己可能因计测不准确而弄错了。但经过反复几十次的计测，确证没有差错。

“这过量而异常的射线是从哪儿来的呢?”居里夫人思考着。

居里夫人以她过人的敏感做出了大胆的假定：

“一定是存在着一种极微量的放射性很强的新元素。”

1898年4月12日，在给法国科学院的报告中，她肯定地宣告：

“在沥青铀矿中，存在着一种具有强烈放射性的新元素。”

3. 钋和镭

1898年五六月间，在居里夫人最需要人帮助的时候，居里先生毫不犹豫地停止了自己的有关晶体的研究工作，和妻子一道，为探索人类从来不曾知道的新元素而战斗。

他们首先从沥青铀矿中，把一切已知的元素分离出来，然后再测量每种元素的放射性。经过逐次淘汰，缩小范围。最后，他们发现沥青铀矿石中存在的是两种新元素。通过努力，于1898年7月，发现了其中的一种。

居里夫人1867年生在波兰的首都华沙。当时，波兰正处于悲惨的亡国时代，它的领土被俄国、德国和奥地利占领并瓜分。沙俄对华沙人民进行残酷的统治和蹂躏，居里夫人从小就饱尝了亡国的痛苦，憎恨沙俄的反动统治。作为波兰儿女，居里夫人无时不在怀念着自己苦难深重的祖国。

“为纪念我的祖国，给新元素命名为钋吧！”

钋的字头和波兰国名——Poland的字头一样，借以表示她对遭受沙俄奴役的祖国的怀念。

居里夫人的爱国激情，也深深感动了居里先生。

“好名字，很有意义！”

他们废寝忘食，昼夜不辍，又继续向尚未捕获的另一种新元素跟踪追击。

1898年12月26日，夫妇二人再次宣布发现了新元素——镭。

这个元素是发现了，可人们谁也看不到这种物质，于是，有一些科学家表示怀疑，并提出要求说：

“既然说是新元素，总得拿来看看！”

“看不到的东西，怎能使我们相信呢？”

作为科学家，一个真理的追求者，有责任完整地完成一系列的工作。当然，居里夫妇也有这种想法。

夫妇二人清楚地知道，要提取纯镭，极不容易。因为新元素十分微量，即使在放射性最强的沥青铀矿中，镭的含量大约只有该矿石的百万分之一。百万分之一是多么微乎其微，这何异于大海中的一滴水！

这样，摆在他二人面前的困难就有三个：

第一，从哪里能得到足够而急需的沥青铀矿石？

第二，在什么地方进行炼制工作？

第三，研究经费从哪里来？

夫妇二人商量研究后，决定倾其所有，从奥地利的一个矿场购买价格便宜的沥青铀矿渣。

他们相信，在提取其它产品时所剩的沥青铀矿渣中，镭一定是原封不动地保存着。他们没有炼制矿渣的地方，只好利用原来的小院子。至于费用，只能边工作边想办法了。

从1898年到1902年的四年里，居里夫妇在最严峻的条件下，

进行着艰辛的提炼工作。

居里先生在冬冷夏热的小屋里，进行着镭的物理性能的分析；居里夫人则是专业工人，是技师，也是苦力，在院子里做着矿渣的化学处理。

他们强撑着身体，振奋着精神，脚踏实地地工作着。

工作在进展，困难也迎面扑来。更艰苦、更危险的工作是在提纯的最后阶段。因为最后阶段的“分馏结晶”工作如果没有防护设备，那么，具有强烈放射性的物质对人体的危害是很大的。

防护设备固然非常需要，然而他们根本买不起，因为他们穷啊！他们只有真理必胜的信念和为科学献身的伟大牺牲精神，此外一无所有了。

1902年9月，他们从事的这项提炼工作经过四十五个月艰苦的持久战，终于从八吨沥青铀矿渣中成功地提炼出了十分之一克的镭，并且初步测定了这一新物质的原子量为225。这是夫妇二人心血的结晶。

晚上，当他们拖着疲惫不堪的身子回到自己家中的时候，女儿依丽娜已经睡着了。二人望着熟睡的小宝宝：

“啊，我们在伊雷娜出生的时候开始了研究，今天女儿已经五岁了，时间过得多快呀！”

女儿仍在睡着，二人休息了片刻，居里夫人又像想起了什么似的说道：

“比埃尔，我们再回实验室去看看，我很……”

“又想念它了吧！”居里先生理解地说出了妻子的心里话。

居里夫人微笑着点了点头，表示同意。

回实验室干什么呢？就是为了再看看他们的另一个刚刚诞生的“小宝宝”。

二人像一对“傻子”似的，手挽着手，顺着漆黑的大路，又回到了实验室。

“比埃尔，快看！”

黑黑的小屋的一角，在玻璃容器里放着的一小块小得可怜的镭，正闪烁着淡蓝色的荧光。

比埃尔和玛丽长久地站在那里，凝视着自己的劳动结晶。他们在看什么，在想什么？我们当然不知道。但他们那兴奋的心情我们还是可以理解的。

4.共同获得诺贝尔奖

在19世纪末叶，科学家们还确信我们这个宇宙是由不可分割的、永恒不变的几十种原子组成的，原子是物质可分性的“最终极限”。但是，镭的发现，终于打破了人们以往关于原子是物质的不可分割的最终组成单位的说法，并证明了原子是完全可以蜕变的，可以从一种物质转化成为另一种物质。这就更清楚地揭示了物质世界的统一性。从此，化学家们不得不重新考虑他们的化学；物理学家们不得不重新考虑他们的物理。当然，哲学家们也得重新考虑他们的哲学。

在居里夫妇的带动下，世界上许多科学家都掀起了寻找新元素的热潮。

多年来，居里夫人一直忙于镭的研究，没有时间准备她的学位考试。1903年6月25日，她正式提出了《关于放射性物质的研究》的论文，并以极出色的成绩而获得巴黎大学的博士学位。在学位论文答辩的那天，居里的老父亲、居里先生、居里夫人的姐姐以及她的学生都在旁听，人们分享着她的快乐。

1903年12月10日，瑞典斯德哥尔摩的科学院“正式常会”上，宣布把当年的诺贝尔物理学奖金一半授予柏克勒尔，一半授予居

里先生和夫人。居里夫人成为世界上第一个获得最高科学奖赏的的女科学家。

当他们的神圣事业正在蓬勃发展的时刻，1906年4月19日，居里先生在大街上不慎被迎面飞奔而来的载重马车撞上，当即死亡！

这一晴天霹雳，给了居里夫人以莫大的打击。从此，她失去了忠实的伴侣，也失去了攻克科学难关的并肩战斗的战友。

当然，如果要悲伤和消沉，这无异于走向自杀的绝路。

“不能，坚决不能，我一定要完成我们还未完成的事业！”居里夫人忍住了巨大的悲痛，几经考虑后，下定了这坚如磐石的决心。

三十八岁的居里夫人，在当年11月5日星期一的下午1时半，接替了丈夫的讲座，登上了巴黎大学的讲台。1908年，她被聘为巴黎大学的第一个女教授，讲授世界上的最新一门科学——放射学。

1911年12月10日，居里夫人再次获得瑞典斯德哥尔摩的科学院颁发的诺贝尔化学奖金。这是破天荒的事情！因为在当时，世界上还没有哪一位科学家得到过两次诺贝尔奖金。

艰苦的历程，坎坷的人生，都没有能阻挡住居里夫人的前进步伐。她为人类征服自然，揭示科学上的秘密做出了卓越而又万世不能泯灭的贡献。

总之，居里夫妇的科学功勋盖世，他们对镭的奇迹般的发现，在科学上为人类摘下了一颗光辉的硕果，在近代科学史上留下了闪光的一页。镭的发现不仅揭开了原子核物理的开端，为原子构造和原子能的研究开辟了道路，而且将它应用于癌症的治疗，为和平利用原子能展示了广阔的前景。

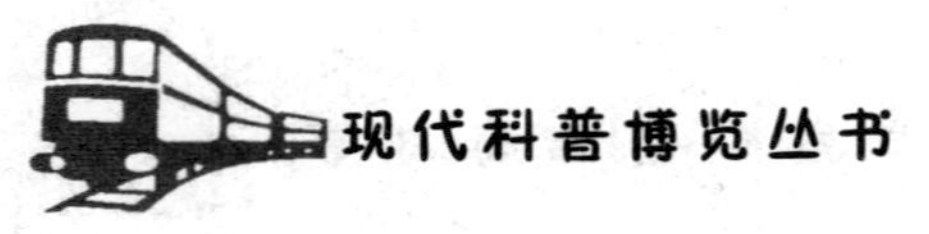

从"骗子"到发明家

1664年,英国科学家虎克出版了一本名叫《生物论》的著作,其中提出了一个大胆的设想:

"人类通过自己的智慧,可以像蚕一样制出人造的丝来。"

这种设想,当然也是千百万人们的愿望。许多科学家也曾为此做过奋斗,由于技术问题,多少年过去了,人造丝的研制一直没有取得什么进展。

1740年,法国人卜恩在给法国皇家学会的一封信中说,他曾经把蜘蛛的胶囊割开,挤出里边的胶液,抽拉成细丝,用这种丝织成了一双手套。

于是,有人认为这是世界上最早的一双人造丝手套。

可是,这所谓的人造丝的手套,还不能说是真正的人造出来的丝织成的,显然,是从蜘蛛的胶囊中挤出来的胶液做成的。

卜恩的成就还远谈不上有所发明,但是,能用黏黏的、细细的蜘蛛丝一针一针织成手套也是不容易的呀!

1. 含氮的启示

法国化学家罗满在研究蚕丝的工作中,没有走当年卜恩的那种杀蛛取丝的道路。令他奇怪的是蚕为什么吃了桑叶之后,经过消化而吐出来的是丝呢?这丝和桑叶本身又有什么关系呢?

作为化学家是有办法来解决这些疑问的。

罗满把桑叶和丝分别加以分析和测定,发现二者的构成都含有碳、氢、氮三种元素。

含氮是一个重要的启示。

1855年，瑞士人奥蒂玛斯用硝酸处理纤维，制成了硝酸纤维，从而抽出了丝。可是，制成的丝并不理想，远远不具有实用价值。

1884年，法国大科学家巴斯德受法国政府的委托，进行蚕病研究，巴斯德的助手中有一位是他的学生，名字叫查唐纳脱。查唐纳脱既从事科学研究，本身又是对照相有一定研究的爱好者。

查唐纳脱根据含氮的启示，首先制成了硝酸纤维素，再把这种含氮的纤维素放在酒精中溶解变成溶液，通过细孔，压出一条条直径只有一毫米的细流，溶液中的酒精蒸发后，就变成了一根根细丝。

“成功了，这正是人们寻求的人造的蚕丝呀！”查唐纳脱高兴极了。

开始，查唐纳脱认为可做硝酸纤维素的原料，只能是蚕所吃的桑叶。后来，在一系列研究与制造中，他明白：不只是桑叶能做原料，就是木材、棉花也都可以做原料使用。

人造丝就这样诞生了。

1889年，查唐纳脱的发明物在英国伦敦的万国博览会上展出，获得全世界人们的好评。

用这种人造丝缝制的衣服格外美观，尤其很受妇女们的赞赏和欢迎。

万万想不到，查唐纳脱刚刚获得的荣誉，却在一场意外的事故中，遭到了致命的打击。

2.“骗子”成了他的代名词

在一次高级宴会上，一些大人物携着夫人，带着女儿，个个打扮得花枝招展，十分艳丽，大有比试服装质量高低的气氛。其中独有一个女人，身着一套人造丝的白色礼服，得意洋洋地在人群

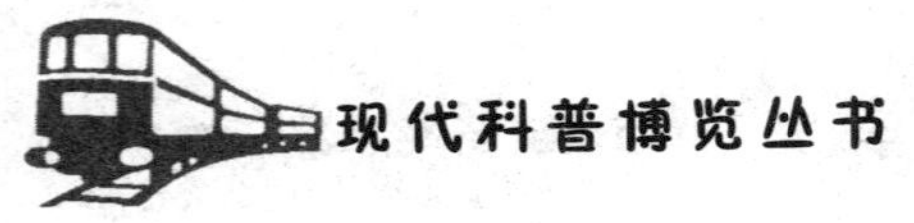

中走来走去，所有的宾客都投以惊异的眼光，尤其是妇女们更是既羡慕又嫉妒地偷偷议论着，那位身穿人造丝礼服的妇女越发得意。她一边应酬着周围好奇人的问候，一边吸着香烟。就在她稍不留神的时候，香烟的一个火花溅到了她的礼服上，随着“哧”的一声轻响，人造丝礼服霎时燃烧了起来。

那位妇女连声疾呼：

“救命呀，快救命呀！”

当被突然事故惊呆了的人们清醒过来，准备抢救的时候，那位妇女已被烧得遍体鳞伤，终于因抢救无效而死去。

查唐纳脱在这场范围不大而影响颇大的火灾之后，名誉扫地，新发明也就算彻底垮台了。

从此，“骗子”这个可憎的绰号，就成了查唐纳脱的代名词。

3.维护庄严的称号

作为一个发明家，要对自己的发明负责，也要为社会负责。查唐纳脱虽然不怕这些讥讽和诬蔑，但他必须维护“发明家”这个庄严的称号。

查唐纳脱苦苦地思索着：

“什么东西这么容易燃烧？加点什么材料或减点什么东西能够解决这个问题呢？”

查唐纳脱按捺着自己的懊丧情绪，振作起精神，一步一步地做了细致的分析，通过实验证实，作为原料的硝酸纤维素中存在着危险的物质，实际上这种物质就是制造炸药的原料。

经过努力，查唐纳脱把这种像火药一样的危险物质从原料中提取了出来，最后才完成了不会发生危险的人造丝。

查唐纳脱只好自筹经费建立了人造丝工厂，但是，由于造价太高，产品依然不够结实耐用，因此不能普遍用于制作服装。

4.物美价廉

1891年，英国的克鲁斯和贝文发现，用强碱和二硫化碳溶解纤维素，可以得到溶于水的黏状物，他二人把这种黏黏糊糊的黏状物起名叫“黏胶”。

但克鲁斯和贝文生产的粘胶，经细孔拉出的丝却永远带水，不能成形。

“真糟，这样永远不干，怎能织成绸缎！”

他们想了又想，终于想出了用一个可以转的箱子，利用离心力的作用边甩水、边纺丝的办法，才成功地越过了这道难关。

1904年，英国的康特尔德公司使用克鲁斯和贝文的专利，正式进行了大规模的人造丝生产。从此，人造丝才在人类生活中占据了一定的地位。一立方米的木材就可以制造出二百公斤的纤维素，而这些纤维素又能生产一百六十公斤的人造丝，可以纺成一千五百公尺的衣料或四千双袜子。正是由于这种人造的纤维品物美价廉，材料来源丰富，世界各国都给予了极大的注意，并且由于大力投资而迅速发展起来。

算瞎双目的数学家

你知道历史上谁的数学论著最多吗？它们又是怎么写出来的吗？

数学论著最多的是瑞士大数学家欧拉（1707-1783）。这位数学巨人留下了856篇论文和32部著作。1909年，瑞士自然科学院开始筹备出版欧拉全集，共计划出74卷，工程浩大，直到20世纪

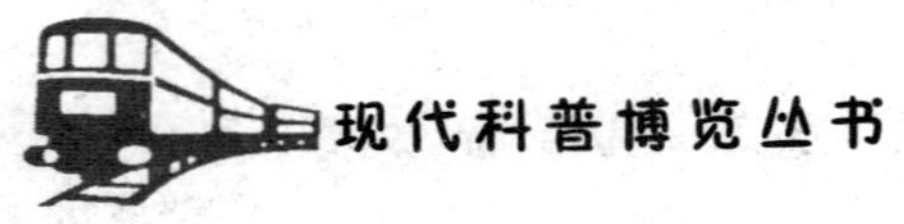

80年代还未完成。

欧拉不但著作数量多，而且涉及领域广、质量高。对此，后来大数学家高斯说："研究欧拉的著作永远是了解数学的最好方法。"法国天文学家、物理学家阿拉戈（1786–1853）则说，"欧拉做计算，就像人们呼吸空气或雄鹰凭空展翅翱翔一样。"而美国学者H.哈特在《历史上最有影响的100人》中则认为："欧拉的天才使纯粹数学和应用数学的每一个领域都得到了充实。"

1727年，经在彼得堡科学院任职的瑞士数学家丹尼尔·伯努利（1700–1782）的推荐，应俄国沙皇叶卡德林娜之邀，欧拉赴彼得堡科学院，任丹尼尔助手。不久，叶卡德林娜一世去世，比伦摄政，政治腐败。许多有才能的科学家被迫离开科学院，特别是统治集团长期陷入权力之争，科学事业无人问津，科学院的生存岌岌可危。就在这种情况下，1733年丹尼尔回国，欧拉成了彼得堡科学院数学教授兼科学院数学部领导人。

此时，欧拉的工作条件极其艰苦。但他却以惊人的毅力和勤奋，写出了大量精湛的数学论文，并为俄国的其他学科解决了不少难题。以至欧拉的一位同事说，欧拉"膝上坐着孩子，肩上趴着猫——他的不朽著作就是这样写出来的。"

1735年，为了制定一种定时制度长期观测太阳，28岁的欧拉积劳成疾，右眼失明。

俄国政治腐败，欧拉壮志难酬，郁郁寡欢。恰巧新继承德国王位的腓特烈大帝重视科学文化事业的发展，1741年邀欧拉前往柏林科学院任职。欧拉西行柏林任数学物理所所长，直到1766年。在这1/4世纪里，他的精神虽不甚愉快，但正值壮年，精力充沛，前后为柏林和彼得堡科学院提交了大量数学论文，并且成功地将知识应用于各种实用科学和技术领域，解决了大量实际问题。

1766年，欧拉又应俄国新女皇德林娜二世(1729-1796)之邀，重返彼得堡。不久，他的左眼也失明了。然而，他并没有颓丧气馁，发誓说："如果命运是块顽石，我就化作大铁锤，将它砸得粉碎！"

1771年彼得堡的一场火灾，席卷科学院，殃及欧拉住宅，欧拉这位双目失明的学者虽被仆人救出，但其藏书及部分成果却化为灰烬。然而这位坚强的科学巨人没被击倒。他凭着超人的才智，渊博的知识，惊人的记忆力，坚持科学研究，用口授子女记录的办法又发表了多部专著，论文400多篇，这黑暗中的17年的成果几乎占他一生著作的半数之多。

1783年9月18日下午，欧拉为庆祝他气球上升定律计算的成功，邀请朋友欢宴。饭后，欧拉一边给小孙女讲故事，一边思索着如何计算刚刚发现的天王星运行轨道。但突然疾病发作，烟斗从手中落地，口里喃喃地说："我死了。"这位"数学界的莎士比亚"终于"停止了计算，也结束了生命"。

欧拉之所以业绩宏伟，当代瑞士欧拉问题专家费尔曼归纳为三点。首先是他有惊人的记忆力；第二，聚精会神的能力也是少见的，周围的嘈杂和喧闹从不会影响他的思维；第三个秘诀是镇静自若，孜孜不倦。

阿纳萨哥拉狱中化圆为方

在公元前5世纪前后。古希腊流行的尺规作图三大数学难题中，"化圆为方"问题最引人注目。

化圆为方问题又称"方圆问题"。由于圆和正方形都是最常见的“规则”图形，因此化圆为方就成了许多人的研究对象，以致中国数学史家梁宗巨（1924-1995）在《数学历史典故》一书中认为：“也许没有任何一个几何问题像这个‘化圆为方’问题那样强烈地引起人们的兴趣。”是的，在数学史上，只有为数很少的几个几何问题才像它那样引起过人们长期而热烈的兴趣。当然，对勾股定理的证明，也是引起人们长期兴趣的问题，以致人们已经找到大约400种证明方法。

最早研究化圆为方的古希腊数学家，是阿纳萨哥拉（约公元前500—公元前428）。

阿纳萨哥拉生于小亚细亚古代城市吕底亚克拉佐曼内附近的士麦那（今土耳其的伊兹密尔），是古希腊最早的哲学学派——伊奥尼亚学派活动的区域。这个学派是被称为数学之父和科学之父的古希腊泰勒斯在他的出生地——伊奥尼亚创立的。

阿纳萨哥拉虽然出身名门望族，但对荣华富贵毫无兴趣，而对科学研究却“情有独钟”。他曾专心学习伊奥尼亚学派的安纳西门尼斯（公元前582或550年—公元前525或428年）的著作，继承了该学派的思想。

约公元前480年，阿纳萨哥拉来到雅典，把伊奥尼亚学派的自然观和思辨方法带到那里，从事数学教学和科学研究。他在雅典知识界当了近30年的领袖，其思想影响到整个希腊科学和哲学的发展，被认为是这个学派晚期的代表人物，但他自己却连生活都不能维持。

阿纳萨哥拉把自己的全部精力和生命都贡献给了科学，竟不去照管自己有相当数量的财产，体现出古希腊人宝贵的科学精神。有人问他人生的目的是什么，他说是研究太阳、月亮和天空。他一生的大部分时间住在雅典，和著名的政治家伯里克利（约公

元前499—公元前429)年为友,并得到他的支持。

后来,雅典在伯罗奔尼撒战争——雅典与斯巴达间的战争中失败,伯里克利的威信下降。阿纳萨哥拉受到牵连,这时他的仇人趁机指控他亵渎神灵。因为他主张太阳不是一尊神,而是一个像希腊那样大小的、红热的石头,也没有神灵在上,而月球是泥土,本身并不发光,光亮来自太阳。太阳和月亮和我们的地球一样,也有悬崖峭壁等等。

阿纳萨哥拉这种"离经叛道"的无神论,当然会被视为大逆不道之举。于是,他在公元前约450年被雅典的执政者投入监狱,公元前约440年还险些被处死,成为科学与迷信斗争的牺牲品,幸亏得到伯里克利的营救,才得以获释,但也受到罚款并流放的惩罚。

阿纳萨哥拉身陷囹圄之后,对科学仍然"痴迷依旧"。他在狱中依然继续潜心研究化圆为方,并得到过一些相关的成果,但终未能如愿以偿。可惜的是,有关研究成果未能流传下来。虽然他最终没能解决这个问题,但他仍然以在理论上研究化圆为方问题的第一位数学家载入史册。他也不必为此感到羞愧,因为在其后2000多年里,许多比他更为优秀的数学家也没能解决这个问题。直到1882年,德国数学家林德曼(1852—1939)证明了圆周率是超越数之后,才使"用尺规作图法不能化圆为方"得到证明。

阿纳萨哥拉出狱后,被迫离开雅典,迁居于密细亚普姆萨斯。并在当地创立了自己的哲学流派。后来,他在贫困中悄然辞世。有趣的是,那些曾经迫害过他的人,后来又自称是他的信徒。

这是科学和科学家的悲剧。然而,正是由于有这些科学先贤的奋斗、牺牲,历经坎坷之后,人类的科学和文明才有现在的"九九艳阳天"。

鲁道夫、山克斯一生算π

1937年，万国博览会在巴黎召开。奇怪的是，当鱼贯而入的人们走进展览馆的天井时，却发现这里刻着一串数字。于是大家驻足流连，一时传为趣话。啊！原来是一个“精确”到小数点后707位、共708位的π值。

那708位的π值为什么要刻在这里呢？原来，它是当时的“世界纪录”，64年来一直没有人能打破，而且，又是一个人差不多一生心血的结晶。

这个人，就是英国数学家威廉·山克斯。

自从古希腊阿基米德开创科学算π的一种方法——“割圆术”即“古典方法”以来，人们就能算出越来越精确的π值了。

但是，由于用人工计算，加之计算方法——阿基米德的割圆术或改进的割圆术很落后，因此人们难以计算出很多位的π值。这样，如果有人把π值推进到小数点更多的位数，就一定很了不起，会成为轰动性的新闻。于是，托勒密、刘徽、祖冲之、阿尔·卡西……都成了算π的“大腕”而留名至今。

日历翻到了1610年。荷兰国界内莱顿（当时属德国）的数学家鲁道夫，毕生用割圆术算π，最后仅得到π小数点后35位准确值。所以他死后，在莱顿圣彼得教堂墓地里他的墓碑上，刻着“π=3.141 592 653 589 793 238 462 643 383 279 502 88”这个36位π值。鲁道夫成了第一个“以身殉π”的人。可是，这块碑早已不知去向。

可能有的读者会认为这36位π值不值一提，但事实上这个成就在当时是很了不起的。因为当时没有机械的或电子的计算器，

更重要的是，他使用的方法仍然是在他之前近2 000年的、算π很慢的割圆术。

鲁道夫辞世的1610年，用这种方法利用圆的正262边形将π算到36位。所以在德国，这个π值被称为“鲁道夫数”。

其后，人们意识到，再不改进计算方法，计算位数更多的π值，难度将更大。

1671年，苏格兰数学家格雷戈里发现了著名的公式 $\arctan x = x - x^3/3 + x^5/5 - \cdots (-1<x\leqslant 1)$。这成了计算π值的“数学分析法”的起点。

1851年，威廉·山克斯用数学分析法将π算到319位。接着在1853年又先后算到530位和608位。这是他从1843年起算π“十年寒窗苦”的结晶。

又经过20年的努力，山克斯用台式机械计算机，再借助于马青公式，在1873年将π算到小数点后707位。他的708位π值被刊登在1873～1874年《皇家学会学报》上，而此时距他大规模算π的1843年已有30年了，由于他从小数点后528位起就开始出错——第528位的“4”被错为“5”，于是他30年的心血大半付诸东流。

以下是他从小数点后528位开始出错的180个数：

501 609 244 807 723 094 362 855 309 662 027 556 939 798 695 022 247 499 620 607 497 030 412 366 886 199 511 008 920 238 377 021 314 169 411 902 988 582 544 681 639 799 904 659 700 081 700 296 312 377 381 342 084 130 791 451 183 980 570 985

不过，山克斯的工作一直没被遗忘。约100年后，出生在苏联的美国著名科普作家阿西莫夫还称他为“可怜的山克斯！”山克斯的“可怜”之处，不仅在于几十年的心血大多打了“水漂”，而且在于他至死也不知道已经出错。不但他不知道，而且其他人在其后

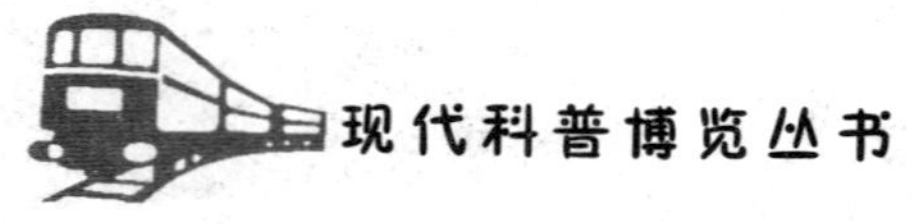

72年内也不知道，以至他对他的708位π值颇感自豪。后人遵照他的遗愿，将这708位不完全正确的π值镌刻在他的墓碑上。

不过，山克斯的精神却一直激励着来者。

直到1944年5月—1945年5月，英国数学家弗格森仔细核算了他自己正确的541位π值之后，才发现山克斯的π值仅有前528位正确。美国数学家雷恩奇也是山克斯错误的最早发现者之一。弗格森和雷恩奇二人在1948年1月，联合公布了809位的正确π值。

1946年美国的电子计算机“埃尼阿克”诞生后，算π的速度大为提高。1950年，用它将π算到小数点后2 035位(一说2 037位)位，这一结果证实了1949年美国史密斯(Smith)和雷恩奇创造的人工算π的最高纪录——小数点后1 120位是正确的。

其后，电子计算机算π的纪录不断被刷新，计算方法也有新的发展。例如，1976年沙拉明和波伦特发明了“沙——波法”即“相关二次算法”，1985年发明了建立在椭圆积分变换理论上的一种新方法。于是有了2002年的新“世界纪录”——12 400多亿位。它是由日本东京大学IT中心的金田康正等科学家用电子计算机算出来的。

瓦特何名“神经质”

克莱德河静静地从英国苏格兰的格里诺克小镇旁流淌。小镇靠近英国的造船中心格拉斯哥，两地间沿克莱德河有许多造船厂，詹姆斯·瓦特的爸爸就是一个熟练的造船装配工人。

瓦特的爸爸从小就给他讲牛顿的故事。他被牛顿的事迹感

染，希望长大做牛顿那样的人。

像牛顿那样喜欢动脑、动手，是绝大多数科学家的共性，瓦特也不例外。

一天，11岁的瓦特来到爸爸的工厂，高兴极了。几位工人师傅正在认真地工作，他们看到瓦特，都向他笑笑，和他打招呼。瓦特看到各种各样的航海仪器，手就痒痒起来，都要去摸一摸。尤其是那些精巧的模型，就像是大玩具一样，完全把他迷住了。他捧起这个看看，又捧起那个瞧瞧，恨不得把它们拆开来，仔细地看看里面的"奥秘"。

有位工人师傅看到瓦特真要动手拆，急忙跑过来，一面伸手从瓦特手里把模型抓过去，一面笑着说："弟弟，弟弟，你想瞧瞧里面什么样子是不是？让我拆开来给你看好不好？"

"好，好！"小瓦特感激地望着他。

"小弟弟，你叫什么名字呀？"工人师傅一边拆一边跟他谈起来："詹姆斯·瓦特！"

……

攀谈中，知道瓦特因为有病，个子才比同龄人小。此时他的爸爸心疼地说："唉，这孩子，叫他少动些脑筋，就是不听！"

"不动脑筋，也不是根治的办法，"还是妈妈最了解儿子，"人就是那么奇怪，有时候你要想少动些脑筋，可是事实上反而动得更多。"回家以后，妈妈这样对爸爸说。

这话说到瓦特心里了。此刻头痛刚刚缓解，他的脑子却又像陀螺一样地旋转起来。他想到了那些航海仪器模型，想到了工人师傅，想到了几何、三角，也想到了书房里的那些数学书、物理书和画报、图片等。

有一本叫《气学》的书，书上有许多图，瓦特最爱看了。其中有一张图，画的是一个像漏斗的东西，一些人在那里摆弄，太有趣

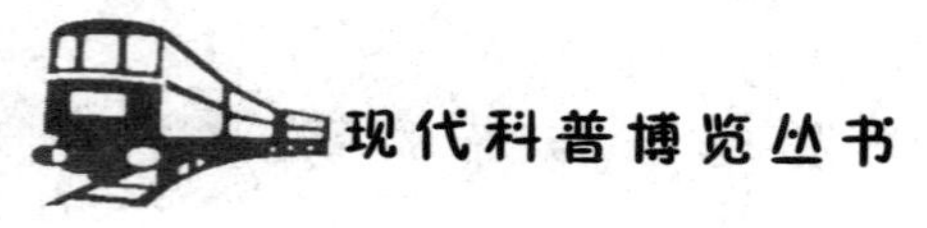

了。瓦特琢磨了好一阵子,也不知道是什么,旁边的字,多数都不认识。

左思右想,实在没有办法,心想要能跟爸爸妈妈一样,认识那么多字,该有多好!他突然想到了什么,对,问妈妈去。

妈妈告诉他说:“这里是说,人们利用水蒸气的力量,可以推动小球旋转。”妈妈说着,还翻到前面看了看序言,“这本书,是一个埃及人希隆(Heron)在约公元前120年写的呢!”

瓦特沉思了好一会儿,那个愿望是那么强烈地占据着他的心,他终于下定了决心,便向妈妈央求道:“妈妈,我要上学!”

妈妈一听这话,不由得一阵心酸。可不是吗,像瓦特这般大的孩子,都念三四年级了,而小瓦特却还没有上学。再这样下去,真要耽误孩子的前程了。可一想到他的头痛病至今没有得到根治,心里又实在放心不下。为了这事,他们夫妻确实是烦透了心。

晚上,等小瓦特睡着以后,爸爸妈妈为了儿子上学这件事,商量了很久很久,最后横了横心,决定送小瓦特去上学。

小瓦特终于如愿以偿,进了格里诺克镇上的文法学校。一开始他就跳级,读二年级。对他来说,二年级的各科功课简直一点不费力。平时测验也好,学期考试也好,差不多门门功课都是满分。其中数学成绩最好,无论小考大考,每次都是满分。

小瓦特在班里的同学中,年龄虽然要大两三岁,可是由于他身体虚弱,个子矮小,看起来一点也不比别的同学高。在学校里,他不只是由于学习成绩优异引起同学和老师的注意,而且他的脾气也是很特别的。比方说,别的同学下课都到走廊上、院子里或者操场上玩去了,他却不,总喜欢跟在老师的身边,问这问那没个完。有的老师看到他这样好学,也乐于跟他交谈。可是体育老师觉得他体质差,就更应该多活动,有几次他特地打发几个同学主动去接近他,拉他一起玩,可是小瓦特就是不喜欢跟他们在一起

玩笑打闹。有的老师为了让他在课余时间多活动活动，便有意避开他，他就独自一人坐在教室里沉思默想。有些同学还当他是成绩好，骄傲了，才不跟他们一起玩。有的同学索性给他取了个难听的绰号："有神经质的呆子。"可是，小瓦特对于别人的取笑和捉弄，毫不介意，从不因此跟别人顶嘴生气。

一天，瓦特被炉子上"呜呜"作响的水壶吸引住了。为什么水要烧开时会"唱歌"？为什么越烧"歌声"越高？为什么水快烧开时壶嘴就慢慢吐出白雾？为什么水烧开后会把壶盖顶起来，还吐出不少白雾？为什么壶盖会落下去，而且落下去以后又会被顶起来？难道里面有许多小人？

这时，瓦特突然想起了以前看过的《气学》书上的那张图来。嘿！对了，水蒸气的力量推动小球旋转，和壶盖被顶起来，这不都是同样的道理吗？是！是蒸气的力量！

瓦特幼小的心灵，就感受到蒸气的力量，成为他日后改进蒸汽机、发明新蒸汽机的萌芽，并最终成为"蒸汽机之父"。

一天，送信的叔叔给他带来了一个意外的好消息。妈妈接到了姨妈的来信，说在这个礼拜天，姨妈和表妹要来看望他们！

礼拜天终于来到了。瓦特和爸爸一样早早起了床。

吃过早饭，瓦特跑到门口看了好几次，总不见姨妈她们到来，心里有点着急。

忽然他想到有个数学题，老师说如果会用几何的方法去解，就非常方便了。对于几何，小瓦特在妈妈和爸爸的指点下，懂了一些，但还懂得不多，他很有兴趣，很想再学一学。他从爸爸工厂里几位工人师傅那里知道，做什么仪器都离不开数学，尤其离不开几何。所以他下决心一定要把几何学好。

瓦特便钻到书房里，翻那些厚厚的书本去了。

姨妈和表妹玛格丽特终于到了，她们见到了正在张罗午饭的瓦特的爸爸妈妈,就问:“詹姆斯呢?”

“不是在门口等你们吗?”

“没有啊!”表妹又跑到门口去看了看。

“院子里呢?”

“也没有。”

“早上一起床,就在念叨你们了。”瓦特的妈妈放下盆子说,“这孩子,大概又钻到书房里去了。”

“钻到书房里去做什么?做功课吗?我去瞧瞧……”姨妈拉着女儿去找瓦特。

“詹姆斯!詹姆斯!”姨妈高声喊着,不见有人答应,书房门关着。

表妹敲敲门,还是没人答应。

“我说哪会有这么上进的孩子,这么好的天气,竟会把自己关在书房里做功课!”姨妈嘴里嘀咕着,随手把门推了推,没想到门一推就开了。

“表哥!表哥!”玛格丽特眼尖,一眼就看到了蹲在地上的小瓦特。

“詹姆斯!詹姆斯!”姨妈也喊起来。她还没有看到瓦特,因为她的眼睛只向书桌那边看。

“表妹,姨妈,您们好!”瓦特见她们走进书房,连忙向她们问好。但他仍然蹲着,拿着支粉笔,又埋头在地板上画着、写着。

玛格丽特甩开妈妈的手,奔到表哥跟前,也蹲下来,看着他写。

姨妈走近瓦特身边看,只见他在地板上乱七八糟地画了些三角形和圆圈什么的,就直摇头,很不以为然地说:“詹姆斯,你在干什么呀?干干净净的地板,弄得这么脏,你怎么这样不爱清洁!”

瓦特看看表妹,见她打扮得非常漂亮,金色头发上扎了两只

蝴蝶结,身上的衣裳裙子花花绿绿的,更像只大蝴蝶了。他听到姨妈的责备,向表妹挤挤眼,两个人会意地笑笑,瓦特又埋头在地板上写起来。

这时瓦特的妈妈也到书房来了。姨妈转身对她说:“你看看你的宝贝儿子,还说在书房里做功课呢!瞧瞧,地板上给你涂得……又够你擦半天的了。”

瓦特的妈妈走过来瞧了瞧,她一看就知道是怎么回事,所以没有做声。玛格丽特忍不住了,对她妈妈嚷起来:“妈妈,您瞎说什么呀!表哥他是在做数学题!”

“玛格丽特说得对,詹姆斯是在做数学题,”小瓦特的妈妈解释道,“他每天都这样,地板就让他当大黑板!”

瓦特和表妹听了都笑起来。

居里夫人进壁橱

1920年初,在居里夫人的一位艺术家好友的撮合下,居里夫人打破了“除了提供技术信息外,对新闻界一概不接待”的惯例,在她工作的镭研究所那间小而简陋的会客室里,会见了美国女记者梅洛尼夫人。

由于这次相见,促成了居里夫人的美国之行。她要到那里去接受美国千百万妇女捐款购买的1克镭——由于居里夫妇俩主动放弃了提炼镭的专利,她的实验室买不起当时贵达10万美元/克的镭供科学实验使用。而发起这次募捐的就是梅洛尼夫人——美国一家著名杂志《写真》的主编,在美国很有名气的、走路有点瘸的大记者。

1921年5月4日，居里夫人带上两个女儿——伊雷娜、伊丽芙，乘白星轮船公司的“奥林匹克号”离欧去美。除了领取那1克镭以外，还要从东到西穿越美国，沿途参观各著名大学、实验室；出席宴会，接受19个名誉头衔和4个奖章；也要为各妇女组织演讲和在学术团体作学术报告……

在乘船赴美途中的一天，大伙儿在餐厅里等居里夫人一起吃饭。但作为贵宾的她却迟迟未到，大家只好派一位姑娘特意跑去找她。

姑娘找来找去，最后发现居里夫人正在座舱的壁橱前呆立着，好像在寻找什么，而壁橱里面的灯亮着。原来，她按照自己随手关灯的老习惯，离开座舱时要把舱内的灯全部关掉——她在找开关。

但是，现在蹊跷事来了——舱内舱外都找遍了，却怎么也找不到这盏壁橱灯的开关！居里夫人费尽心机但又束手无策，只好呆站在那里冥思苦想，所以才迟迟未去吃饭。

姑娘告诉她说：“壁橱的门关上，里面的灯就自动灭了。”

姑娘的话使她极感兴趣。不过，居里夫人并没有立即相信，坚持必须通过实践检验才能接受这种说法——她要亲口尝一尝“梨子”的滋味。她从各个侧面观察着这个壁橱，不肯离去。姑娘怎么说都没有用。怎么办呢？

“进到壁橱里面去，再把门关上，亲眼看一下灯光是否会自然熄灭。”当居里夫人从壁橱里面走出来的时候，就带着满意的笑容，高高兴兴地吃饭去了。

一个未知现象——有时似乎应该不屑一顾，但引起了观察者的好奇心，接着寻找原因，通过实验检验原因，这就是认识的整个过程。像居里夫人这样的佼佼者，当然深谙此道，必定会这样做的。

一个多月以后的1921年6月28日，居里夫人结束了美国之行，在美国西海岸的“奥林匹克号”上，依依不舍地辞别梅洛尼夫人，踏上了归国之旅。

煮鸡蛋=煮怀表

“牛顿把怀表给煮个半熟。”在剑桥大学三一学院，这个“花边新闻”不胫而走。

这是怎么一回事呢？原来，给牛顿做饭的老太太有事要出去一趟，要他自己煮鸡蛋吃。她告诉他鸡蛋放在桌子上。她怕痴迷科学研究的牛顿忘记关火，煮个没完，把鸡蛋煮老了，特意要出他的怀表放在鸡蛋旁，可以让他看着表煮。可是，当老太太回来一看，鸡蛋还在原处未动，怀表却在水里煮着，而牛顿正站在一旁聚精会神地计算着什么。

1668年，牛顿在剑桥大学三一学院获得硕士学位，并留校工作。1669年10月，经老师巴罗让贤和推荐，牛顿接任了巴罗的“路卡斯数学讲座”教授的职务，任这一职务达26年。从此，年仅26岁的牛顿便成了剑桥公认的大数学家。此后，他在这里从事教学和科研工作。直到1693年，牛顿的神经官能症日渐严重，在朋友的规劝下离开了剑桥。1695年病情有所好转之后，就彻底辞去了剑桥的职务，在哈利发克斯爵士的推荐下当了造币局督办，后来当了造币局局长。

在剑桥的34年，是牛顿刻苦钻研的34年。他为了研究数学、天文学、光学和力学，绝大部分时间都在实验室里度过，每天他都工作十七八个小时。有时为了验证一个设想，呕心沥血，通宵达旦，直到有了结果才肯罢休。他醉心于科研几乎达到了废寝忘食的地步。

有时，牛顿刚要起床，忽然想起研究中的一个问题，便呆呆地坐在那里思考起来，一两个小时过去了，直到有人提醒他，他才恍然大悟。

有一次，牛顿请一位朋友吃饭，席间想起自己还收藏有一瓶好葡萄酒，于是便让朋友等着自己去拿。可那位朋友等了好久，也不见牛顿回来，只得跑去看看。原来，他又在实验室做起了他的实验，早把取酒的事给忘得一干二净了。

又有一次，他的朋友来访，他让这位朋友等着。可是，这位朋友等了好久也不见他回来，肚子确实饿了，看到桌上给牛顿准备的早点，就不客气地吃了。时近中午，牛顿才从实验室里出来。当他看到餐桌上杯盘狼藉时，就说："我还以为我没吃早饭呢，原来已经吃过了。"逗得那位朋友捧腹大笑。

这样，不到30岁的牛顿已是须发全然没有了黑色，而满头白发了。

"他很少在夜间两三点钟以前睡觉，有时一直要工作到清晨五六点，特别是春天或落叶的时节，他常常六个星期不离开实验室，不分昼夜，灯火总是不灭，他通夜不眠地守过第一夜，我继续守第二夜，直到完成他的化学实验。"牛顿这样描述牛顿。这里，前一个牛顿是H.牛顿，他是后一个牛顿——我们熟知的"科学大腕"牛顿的助手。

1687年7月，牛顿的《原理》出版后，正当中年的牛顿，科学热情更加高涨。有一次，他强迫自己到剑桥附近一所幽静的旅舍稍作休息。但他怎么也安静不下来，整日用麦秆吹肥皂泡，观察肥皂泡薄膜的颜色，这竟引起店主的疑惑："这是多么古怪的客人啊，一位快50岁挺体面的先生，竟然整天像孩子一样吹肥皂泡！"

牛顿的实验笔记中有108处记载着他尝过各种物质的味道，留下了慢性中毒的病根。20世纪80年代的考证，特别是化验保存了200多年的牛顿的四束头发表明，其中含有过量的铅、汞和锑，说明慢性金属中毒是他致死的重要病因。

1692年，一只小猫（一说爱犬）碰倒了牛顿书房的一支蜡烛，引起了火灾。这场有名的大火烧掉了牛顿的许多珍贵文稿，特别是他20年来的光学手稿毁于一旦，更使他悲痛欲绝，一度心灰意冷。这再次损害了他的健康，接着便患了神经官能症。先天不足的牛顿长期辛劳，晚年又不幸患上胆结石、膀胱病和风湿病，这些疾病更使他雪上加霜。但是，这一沉重打击并没有使他的斗志稍减，在经过一段时间的心理调整之后，他仍然痴迷依旧，继续进行他的光学研究，从事他的光学奠基之作《光学》的写作。最终使《光学》在1704年得以出版。

牛顿终于以自己对于科学研究的执着，达到了当时科学研究的最高顶点。诚如牛顿自己说："我的成就当归于竭力地思索。"

伦琴痴迷X光之后

在1895年11月8日漆黑的夜晚，一个高大的黑影在德国乌兹堡大学的一个实验室里晃动。他是谁？深更半夜在干啥？

他就是该校校长兼物理研究所所长伦琴。这天同往常一样，伦琴在接近吃晚饭的时候，就来到实验室，独自摆弄着当时最奇特的光学仪器——真空的希托夫—克鲁克斯放电管，研究它发出的阴极射线。他用黑纸包住管子，接通电源。

咦！怎么管子附近有亮光闪烁？这亮光在黑夜显得格外清

晰。伦琴觉得很奇怪，便走过去看。原来，在离管子约1米远的小工作台上，放着做别的实验用的涂有荧光物质铂氰化钡的纸板，亮光就来自这里。他知道这纸板本身是不发光的。因此，他当即敏锐地猜测，一定是放电管发出什么“东西”到达纸板使荧光物质发光。

为了证实这一猜测，伦琴关掉放电管的电源，这时纸板上的荧光消失；而打开电源后，纸板处又发光。反复进行多次实验都是如此。这就证实了他的猜测。

那么，这“东西”是什么呢？伦琴知道放电管发出的阴极射线仅能穿透几厘米的空气，所以这“东西”不会是阴极射线。那么，究竟是什么呢？它有何性质呢？他要“打破沙锅问到底”，“甚至忘记了时间的消逝”，连研究所的工友马斯塔勒敲门进来，寻找一个仪器，然后又走了出去，伦琴竟然也没有察觉。

此时，有一个人着急了，她就是伦琴的夫人——安娜·贝尔塔·路德维希。因为以往伦琴多半是按时回家吃晚饭的，今天怎么这么晚还没回来呢？于是，她屡次派工友去催他吃饭。最后，伦琴坐到了饭桌旁，但几乎一言不发地吃了一点点。吃好之后，他又回到了实验室。

伦琴长达6个多星期的研究开始了，包括把工作台移至不同的距离，直至两米远，用各种物质作阻挡这一“东西”的试验。

伦琴长期迷恋实验，深夜不归，引起了安娜的怀疑。更奇怪的是，安娜问他的时候，他总是支支吾吾，这就使安娜更加怀疑，一定要穷追不舍，查个水落石出。为此，伦琴采用了“缓兵之计”：“以后会告诉您的！”

但是，日复一日，这种回答次数多了，就引起了安娜的恼怒。在这种情况下，伦琴别无选择，只好在1895年12月22日带着怒气冲冲的妻子到了实验室，用那只放电管对着她的手，照了15分钟。

当底片从显影液中捞上来的时候，戴着戒指的手骨照片——世界上有意拍的第一张X光照片就清晰可见了。

那为什么伦琴在初期要对他的妻子"保密"呢？

原来，除了在开始的时候连他自己也说不清楚，更无法给妻子说以外，伦琴还准确地预见到保密对研究X光的重要性。他想，这个第一次出现的活人身体内部骨骼的幽灵般的阴影，可能会使观察者不理解而造成心灵上的恐慌。如果过早泄露出去，势必影响他的研究。因此，他对他的好友鲍维利也讳莫如深，对他的夫人也守口如瓶，也就不难理解了。

1895年12月28日，他将自己的发现及有关研究成果写成《一种新的射线，初步报告》，交给乌兹堡大学的物理学医学会秘书。秘书决定刊登在下一期的《乌兹堡物理学医学学会会议报告》上。这一刊物由舒尔泽、罗依波尔德、盖洛尔等教授、博士编辑。由于当时伦琴对这个"东西"的本质一无所知，因此"为简单起见"，便称它为"X光"。

为加速对X光本质的探索，他将复制的论文连同几张复制的X光照片，在1896年元旦寄给德国柏林的瓦尔堡和隆美尔、汉堡的弗勒尔、斯特拉斯堡的寇尔劳士、弗赖堡的岑德，维也纳的艾克斯奈尔，法国巴黎的庞加莱，英国的开尔文和斯托克斯、曼彻斯特的舒斯特等物理学家。

物理学教授艾克斯奈尔是伦琴年轻时在孔特老师所在的物理研究所的同事，他抱着极大的热情在一次家庭宴会中，把伦琴寄来的X光照片拿给朋友们看，随后又借给一位由布拉格来的同事E·雷谢尔，雷谢尔又立即拿给他的父亲Z.K.雷谢尔看。老雷谢尔当时是维也纳《新闻报》的编辑，被X光极强的穿透性吸引住了。他最先预言这个发现可能对诊治疾病有重大意义，当然不会放过这个重大新闻。他热情洋溢的文章登在1896年1月5日《新闻报》星期日版第一版上,从而“吹响了轰动世界新闻的号角”。

发现X光的过程及消息,X光能穿透实物进行摄影、具有很强的穿透力等性质,曾引起全世界特别是西方各阶层的“集市般的喧嚷”和“巨大的骚动”,掀起了一场X光的“轩然大波”,引出许多离奇的事件和风波。

爱因斯坦的“忘性”

爱因斯坦正坐在公共汽车上。

但他“身在曹营心在汉”——专心思考着科学中的一个问题,他“去了”物理世界。

突然,一个意外的急刹车,使爱因斯坦被迫“回到”汽车上来——他的眼镜被摔了下来。视力很差的爱因斯坦急忙伸手去摸那不知摔到哪儿的眼镜,可怎么也摸不着。

坐在对面的小女孩急忙帮爱因斯坦捡起了眼镜。

“谢谢您!”爱因斯坦很感动,“小姑娘,您真可爱,能告诉我,叫什么名字吗?”

“我叫克拉拉·爱因斯坦,爸爸。”

爱因斯坦不但认不得女儿,钱也“认不得”。

可不是吗?一次,爱因斯坦就把一张1500美元的支票当了书签。后来呢——和书一起也不知忘在哪儿了!

当然,这也不能怪爱因斯坦记性不好,因为与他的观念密切相关——他认为“每一件财产都是一块绊脚石”。

那爱因斯坦的脑子究竟“好用”,还是“不好用”呢?

据说,爱因斯坦生前主张把自己的脑子提供给科学研究。给

他作传的罗兰·克拉克叙述，他在弥留之际，神志恍惚，口中喃喃自语，因讲的是德语，在旁边的护士听不懂，以致爱因斯坦的最后遗言竟然失传。

可是，他的脑子呢？克拉克就没有提到了。人们怀着极大的兴趣去探索这颗不凡的脑子的去向。结果，新泽西州的两个记者给全世界提供了答案。美国《科学》杂志曾专文报道此事。

原来，爱因斯坦1955年在新泽西州的普林斯顿医院辞世后，这所医院的病理学家汤马士·哈威就把他的脑子取去研究了，但哈威已离开医院。

不过，记者列维奇循踪追迹，直追到堪萨斯州的维奇大城。发现在哈威办公室的冰柜内一个甲醛溶液瓶中，爱因斯坦的脑子还在。哈威说，脑子的大部分已被切成片分给有关专家研究，但结果尚未公布。不过，记者并没有看到脑子的任何部位有奇异之处。

看来，爱因斯坦的奇异之处并不是他的脑子，而是他如何奇异地用脑子——也许，“不识女儿”与“支票当书签”，就是他奇异地用脑子的一部分吧！

读者朋友，你说爱因斯坦的脑子究竟“好用”，还是“不好用”？

开库勒揭秘苯结构

“啊！蛇！蛇……”一个年轻人在睡梦中惊醒，他的喊声打破了深夜的寂静。这一天，是1865年3月11日。

后来，3月11日就成了节日。这是怎么回事呢？

1825年，英国法拉第发现了一种新的有机物——环状的苯。

1843年，法国罗朗和日拉尔合作，确定了苯的分子式为C_6H_6但科学家们对其分子结构却一无所知——以前的分子都是线状的。

确定苯分子结构的难点在于，碳和氢的化合价分别是4价和1价，将6个碳原子和6个氢原子进行排列，却始终无法满足上述化合价。因此，苯分子的结构之谜成了19世纪中叶化学界学者要攻克的难题之一。

1847年，德国青年开库勒(1829-1896)从家乡达姆斯塔特考入吉森大学学习。

在吉森大学，有大名鼎鼎的德国化学家李比希(1803-1873)。但开库勒对化学毫无兴趣，他感兴趣的是建筑。此时，一个奇怪的案件发生了。

案件的梗概是这样的。赫尔利茨伯爵夫人原来有一枚价值连城的精美的戒指，戒指上面镶嵌着两条相互缠绕的蛇，它们各是由黄金和铂金做的，但后来就莫名其妙地不见了。后来，这枚戒指就出现在夫人的侍仆手上，而且侍仆说戒指是他早在1805年侍候夫人之前就得到的，不是偷夫人的。

案件的难点在于，双方都没有确凿的证据，法庭无法判断，于是把学识渊博的李比希请来参加案件的审判。

李比希仔细看了看戒指，内行地鉴别出戒指上镶着的两条蛇之一是铂做的，而铂从1819年才开始用于首饰中。于是，他有力地迫使侍仆供出了盗窃夫人戒指的罪行。

开库勒旁听了这轰动一时的案件的审理，被李比希渊博的知识和聪明的智慧所折服，从此就走上了化学之路。于是，关于苯结构的难题也一直困扰着开库勒。他终日冥思苦想，黑板、地板、笔记本上到处都有他设想各种可能的苯的分子结构图方案。

也许，开库勒与蛇有缘。1865年，他住在英国伦敦。这一年3月11日，他在走路时，由于专心致志思考苯的分子结构问题，差点踩在一条蛇上，幸亏当时有人大叫“蛇”才提醒了他。正是这条差点踩上的蛇，使他在当晚做了一个梦。梦中，他看到6个碳原子连

成一条链子，变成了一条蛇，跃入李比希的手掌之中，变成了赫尔利茨伯爵夫人的蛇形戒指……

碳原子……链子……蛇……蛇形戒指……开库勒猛然顿悟，神话般地解开了苯的分子结构之谜。原来，苯的经典价键分子结构为环状，而且六个碳原子之间每隔一个是双键。这一分子结构式被我们称为“开库勒式”。

开库勒破译了苯的分子结构，这在当时是一件很了不起的事，曾引起化学界的轰动。1890年3月11日，是他发现苯分子结构25周年的纪念日，伦敦化学会为他举办了庆祝会。

开库勒在庆祝会上也发了言：“我做了一个梦，梦见几个月来设想的苯的分子结构式变成一条条长蛇，在火焰里起舞。忽然，一条蛇咬住了自己的尾巴形成了圆环。就是在这个梦的启发下，我想出用一个六角环结构来表示苯的分子式C_6H_6。”

在开库勒上述讲话的当天晚上，就有几个化学会的会员钻进自己的书房学着做梦，可是，要么是“今夜无眠”，要么是“有眠无梦”。有一个会员做了梦，但没有得到什么科学成果，却梦着输了牌。亲爱的读者，你知道这是为什么吗？

华罗庚说：“科学的灵感不是坐等可以等来的。如果说，科学上的发现有什么偶然性的话，那么，这种‘偶然的机遇’只能给那些学有素养的人，给那些独立思考的人，给那些具有锲而不舍精神的人，而不会给懒汉。”这就是开库勒在梦中有所发现而那几个化学会的会员一无所获的原因。

“大化学家”布特列洛夫

“伟大的化学家”——这可不是人们对做出伟大贡献的化学

家的赞誉，而是一位中学生脖子上挂的一块小黑板上的讽刺语。

这位中学生是谁？为什么会被挂上如此屈辱的牌子？

布特列洛夫（1828-1886）出生在俄国奇斯托波尔。在中学读书的布特列洛夫非常喜欢做化学实验，除了上课时在实验室做以外，还经常在宿舍里自己动手做。走路想实验，言必谈实验，对实验到了如痴如醉的地步。

俗话说："久走夜路必撞鬼。"一次，布特列洛夫果然撞了"鬼"——在一次实验中发生了爆炸事故。他被关进了禁闭室。接连三天，在吃饭时他都被罚站在食堂的角落里示众，男学监还在他的脖子上挂了一块小黑板，上面讽刺地写着"伟大的化学家"。

可是，嘲笑和惩罚却没有动摇布特列洛夫对化学的热爱，反而刺激他更坚定地用实验方法研究化学。

1849年，布特列洛夫在喀山大学毕业后留校任教。1854年，他以《论香精油》的论文获得莫斯科大学的博士学位，同年成为喀山大学教授，1860-1863年任喀山大学校长，1874年被选为彼得堡科学院院士。

早在1851年，他在硕士论文《论有机化合物的氧化》中，就提出了同分异构现象产生于分子结构，而化学特性的变化伴随着结构变化的观点。1861年他33岁的时候，在第36届"德国自然科学家和医生代表大会"上，做了题为《论物质结构》的报告，提出了"分子结构"的概念，并指出物质的化学性质取决于它的分子结构，通过化学性质的研究，又可以推知化学结构；同时，根据化学结构又可以预见物质的化学性质。这就进一步发展和完善了他10年前的化学结构理论。

这些富有创见的、至今还光芒闪耀的有机化学结构理论，对有机化学的发展起了重大的作用，被人们誉为"伟大的化学家"。

这时，布特列洛夫幽默地说："这个称号在20年前是对我的惩

罚，现在却真正实现了。”

由于布特列洛夫的卓越贡献，他先后当选为26个外国科学院的院士和名誉院士。他在各领域的著作有565种之多。

爱打“扑克牌”的科学家

“……先生，您所发现的镓，就是我在5年前预言的‘类铝’，只是它的比重（也就是“密度”）应该是5.9克/立方米，而您测得的是4.7克/立方米。请您再测一次，我想是您的新物质还不是太纯的缘故吧……”

1876年的一天，法国化学家布瓦博德朗（1838-1912）突然收到这样一封信。这封信是谁写的？信中的内容又是怎么回事？

1875年9月20日，布瓦博德朗在用光谱分析法分析一种名叫“比利牛斯闪锌矿”时，偶然发现光谱中有一条紫色的谱线。他知道已知元素都没有这条光谱线，从而意识到这是发现了一种新元素。于是，他用自己祖国的拉丁语“家里亚”（拉丁文“Gallia”，又译“高卢”）为它命名，这种新元素就是镓（Ga）。

布瓦博德朗发现镓以后，对镓进行了实验研究，并把他所测得的关于镓的一些重要性质简要地发表在《巴黎科学院院报》上。不久，他就收到前面那封信——俄国化学家门捷列夫（1834-1907）写来的。

正在为自己的新发现而陶醉的布瓦博德朗大吃一惊：当今世界只有自己手中才有这一点点镓，门捷列夫远在俄国，手中没有镓，怎么能在5年前就知道它的密度等性质呢？

于是，布瓦博德朗怀着半信半疑的心情将手中的1.15克镓提纯，重新仔细准确地测量了它的密度。天哪！5.94克/立方米，果然与门捷列夫所说的5.9克/立方米相差无几！这一结果使他目瞪口呆：从来没有见过镓的门捷列夫，5年前的“远猜”是对的，唯一手中掌握镓的我“近测”却错了！于是他写信给彼得堡的门捷列夫：“首先祝贺您的胜利。我能说什么呢？这次实验，连同我的新发现，都不过是您的元素周期律的一个小小的注释。这是您的元素周期律的伟大之处的最好证明。”

化学史上第一次发现了一个被预言的元素，这件事引起了科学界的轩然大波。门捷列夫的有关论文迅速被译成法文和英文，元素周期律得到了全世界的公认。布瓦博德朗在一篇论文中写道：“我以为没有必要再来说明门捷列夫这一理论的巨大意义了。”

门捷列夫发现元素周期律还有一段有趣的故事呢！

从18世纪中后叶开始，就有不少人对元素的分类以及这种分类和元素性质之间的联系进行过研究。门捷列夫也是其中的一个。在他发现元素周期律和发明元素周期表之前的几年，他的家人非常奇怪地看到他很“反常”——一向视时间为珍宝的他，却整天在实验桌上一个人玩“扑克牌”，并乐此不疲。

原来，他玩的并不是一般的“扑克牌”，而是像牌一样的一些卡片。这些卡片上分别写着当时已经发现的63种元素的名称、原子量、化合价等。这样，就可以把这些“元素”随意摆来摆去，以便找出它们所遵循的规律。

一次，门捷列夫用“扑克牌”排了3天3夜，也没排出个“子丑寅卯”来，在一阵“上眼皮打下眼皮”之后，就伏在桌子上睡着了。在梦中，还是那些卡片在他的眼前飞舞，挥之不去，飘啊，飘啊……就这样，元素周期表在梦中诞生了。醒来以后，他马上把梦中的元素周期表记了下来。据说，只有一个元素的位置排错了。

1869年3月，门捷列夫委托舒特金在俄罗斯化学学会上，宣读了题为《元素属性和原子量的关系》的论文，同年4月发表在《物理化学杂志》上。这就宣告了元素周期律的发现和元素周期表的诞生。

元素周期律的创立，为辩证唯物主义的量变到质变律提供了一个有力的例证，具有伟大的意义。恩格斯对此的高度评价是："完成了科学上的一个勋业，这个勋业可以和勒威烈计算尚未知道的行星海王星轨道的勋业居于同等地位。"

门捷列夫因发现元素周期律而闻名于世，他光荣地成为世界上多个科学团体的名誉会员。1906年，曾被提名为诺贝尔奖得主，但第二年他便遗憾地辞别了人世。

门捷列夫的独立思考精神也值得我们借鉴。当他研究元素周期律时，遭到他的两位导师——"俄国化学之父"沃斯克列森斯基和齐宁"不务正业"的训斥，但他并没有动摇。

门捷列夫逝世之后，送殡队伍有几万人。队伍前头，没有花圈、没有遗像，只有几十位学生抬着的大木牌，牌上画一个表——我们应该知道是个什么表。

达尔文痴迷生物学

一个35岁的青年男人，就认为自己要死了，于是写了遗书，你相信吗？

1831年12月27日，达尔文在老师亨斯罗的推荐下，从英国普利茅斯港登上了"贝格尔号"舰——一艘有240吨、长30米、船员74人的双桅帆船，船长是菲茨·罗伊海军上尉。此时，作环球旅行的达尔文带着《圣经》。航行的第二年，他仍然习惯地用神学教义解释生物界的种种现象。

5年之后，航行结束，达尔文在1936年10月2日回到普利茅斯港。在大量的生物进化事实面前，他终于背叛了神创论，而形成了进化论的观点。

环球科考回来，达尔文已是一个坚定的进化论者，但他并不轻易发表自己的见解。他认为自己虽然已掌握了大量的、可靠的生物进化事实，但尚不能解释生物进化的原因和过程，于是又进行了20多年的生物养殖实验和动物解剖试验，反复验证，以期取得更有力的证据。

1838年，达尔文偶然读到英国经济学家马尔萨斯(1766-1834)的《人口论》，使他对生物进化机制又有某种感悟。为了写作《物种起源》，他从1831年环球航行开始，花了11年时间酝酿和收集资料，到了1842年，才把他的一些观点写成了一篇35页的提纲。接着，在1844年，他又写了一个更长的230页的《物种起源问题的论著提纲》。可是，也就是在这一年，不幸的事情发生了：年仅35岁的达尔文在写完这个提纲之时，身体已非常虚弱，就给他的夫人——比他大10个月的表姐埃玛留下了一份遗书。

看到这份遗书，埃玛和达尔文的朋友们都大吃了一惊。好在此时死神并不想召见达尔文——他幸运地活了下来。

原来，早在“贝格尔号”舰环球航行时，达尔文就患了心脏病。为了不使他的航行泡汤，他隐瞒了病情。在漫长的航行考察中，他虽然晕船、呕吐、患伤寒病，但仍以顽强的毅力战胜了毒蛇猛兽的侵害，暴风雪的袭击，以及地震的威胁……

回国以后，达尔文的健康状况不断恶化，神经性肠胃病使他常常颤抖，去世前几十年一直呕吐着绿色的胆汁。1841年，32岁的达尔文的背就微驼了，出现了周期性的胸痛、胸闷、眩晕、乏力，

上街时经常发生剧烈的头痛和虚脱……此后40多年,他从未有过一天普通人那样的健康。

那么,达尔文的病又是怎么得的呢?

拉尔夫·卡普博士的著作,记叙了人们猜测达尔文的6种病因,其中4种是:在林肯郡沼泽地采制标本时,砷化物进入了他的手指和嘴唇;在“贝格尔号”舰上,他被安排在船尾顶部的海图室——船上颠簸得最厉害的地方工作和居住,剧烈颠簸引起的恶心和呕吐损害了他的消化系统;1833年10月2日,他在阿根廷的一次骑马旅行时中过暑;1835年3月,被南美草原的一种“黑色大臭虫”叮咬之后,他得过南美锥虫病。

显然,如果这些猜测是正确的话,那就可以看出,长期痴迷于生物学研究,是达尔文的主要病因。

达尔文不适应在喧哗的大都市生活,但为了不使埃玛忧虑,找借口说:“我希望孩子在一个安静和广阔的环境中生活。”经过埃玛的奔波,终于在距伦敦五六千米的唐恩小镇找到了一所房子——唐府。达尔文的后半生就是在这里度过的,《物种起源》也是在这里酝酿和写成的。

每写作20分钟左右,达尔文的思路就要被头痛、痉挛所打断。工作两小时就需要躺一会儿。他在1842–1859年写作《物种起源》一书的17年中,从来没有一夜睡眠超过四五个小时。他每写几笔,都要付出痛苦的代价。在如此恶劣的条件下,坚持高度严肃认真的科学态度,是多么可贵啊!

在《物种起源》出版以后,达尔文的病又“雪上加霜”——这次是长期精神刺激这一“人祸”:他的离经叛道的进化论,打破了神创论的“正常秩序”,于是他似乎成了英国历史上最大的“恶魔”,人们避之不及的“瘟神”,被人谩骂、诅咒……

1859年11月24日《物种起源》出版的时候,达尔文年已半百,但他却没有停顿，又经过12年的努力，他于1871年发表另一部科学巨著——奠定人类起源学说基础的《人类起源及性的选择》。

达尔文在与病魔搏斗中坚持工作了40多年。直到临终前两天，还抱病记录植物实验报告。他说："我一点也不怕死"，"我难过的只是我已经没有气力把我的研究继续下去了"。

1882年4月19日凌晨4时，壮心不已的进化论巨人达尔文在家中因心脏病永远停止了他痴迷的科学研究。他给后人留下20多部科学著作，上百篇论文；更重要的是不囿于传统的创新精神，以及不屈服于传统势力为科学献身的崇高精神。他所创立的生物进化论，是19世纪自然科学领域中的三大发现之一；由它所引发的科学革命，不仅为近代生物科学的发展开辟了宽阔的道路，而且对整个意识形态领域产生了深远的影响。

达尔文死后，埃玛想悄悄地把他埋葬在道恩小教堂附近的一个简单墓地里——这里躺着他们的孩子玛丽·埃莉诺、查尔斯·沃灵，达尔文的兄弟埃拉史蒙斯。但是，达尔文的老朋友、邻居、学生，也是银行家、博物学家和议员的约翰·卢博克坚决反对。他力劝埃玛从国民的意愿出发，安葬在名人墓地——威斯敏斯特教堂。他还串联了20多位议员联名向威斯敏斯特教堂长请求，最后终获批准。

生前饱受羞辱，死后无上荣光。1882年4月26日，英国历史上最引人注目的葬礼之一隆重举行。走在送葬行列前面的是英国国王，在后面扶灵的有达尔文的好友约瑟夫·胡克，有进化论的另一位创立者华莱士，有英国和世界各国的各种贵宾……

从此以后，更多的人开始认识到：代表真理的不是上帝，而是享受盖世殊荣的、长眠在牛顿身旁的达尔文——一个35岁就写下遗书的人！

没有新郎的婚礼

1849年5月末的一天，法国斯特拉斯堡大学的礼堂热闹非凡——这所大学的校长的女儿玛丽，要和该校化学教授巴斯德(1822–1895)举行婚礼。

新娘玛丽和她自己的一家人来了，客人们来了，有关人员也来了，就是新郎巴斯德一直没来，怎么找也找不到。

找不到巴斯德，大家都急了。这时，一位熟悉他的朋友说："我到实验室去看一看。"最后，这位朋友终于在实验室里找到了他。

朋友责怪他说："新娘和朋友们都等急了，你怎么还不去？"

巴斯德回答说："你疯了吗？我的朋友，你想让我的实验中途停下来吗？不，我得做完今天的实验再去参加婚礼。"

巴斯德硬是等到研究晶体的实验取得圆满结果后，才去举行婚礼。

好在玛丽很了解这位化学教授，并没有责怪他。27岁的新郎巴斯德高兴地对她说："我像爱我的化学结晶体那样爱你！"

巴斯德是在1849年春在斯特拉斯堡大学担任化学教授的。在这里，他结识了校长的女儿玛丽，两人一见钟情，很快就坠入爱河。

但是，由于当时法国没有直接向姑娘求婚的规矩，得先向女方的父母表示。于是，巴斯德给校长写了一封长信："……我的父亲是多尔城的一个皮匠，我的姐妹和我的父亲同住，我的母亲去年5月去世了……我的家庭是安静的，但是并不富裕，估计我家的全部财产不到5万法郎。我很早就决定，把这些财产给我的姐妹们，所以我是一个‘穷光蛋’。我所有的一切，只不过是健康的身体、善良的心和我的工作……”

从信中，玛丽一家看出巴斯德对待婚姻和科学一样坦白和严肃，“这小伙子不错”，很快就同意了这门亲事。

婚后，巴斯德家庭很幸福，但他并不沉湎于小家庭，而是继续向科学高峰攀登。最终提出了细菌致病的伟大学说，发明了至今还在广泛使用的“巴斯德消毒法”，发明了狂犬疫苗……

不但有自然科学领域的科学家有“不称职”的、迟到的新郎，其他领域的学者中也有。

我国著名学者闻一多新婚那天，家里张灯结彩，大家喜气洋洋，贺喜的亲朋好友左顾右盼，但一直不见新郎，原来，闻一多在书房看书，看入了迷。家里人都说他不能看书，一看就醉。

这就是“闻一多醉书”的故事。

“投入地笑一次，忘了自己；投入地爱一次，忘了自己。”科学家们正是靠着不断的投入和痴迷，才取得一个又一个的成就，创造一个又一个人间奇迹……

弗莱明难舍青霉素

“3万5千，第一遍；3万5千，第二遍；3万5千，第三遍，成交！”

这是1996年3月8日发生在伦敦索斯比拍卖行上的一笔交易。是什么物件竟如此值钱——3.5万美元约合30万元人民币！

1928年9月的一个早晨，一个身材修长的中年人迎着浓雾跨进伦敦圣玛利医院大楼，同往常一样，打开了实验室的大门，来到细菌培养室忙开了。他就是在1922年发现一种能杀死细菌的物

质——溶菌酶而轰动科学界的"怪人",细菌学教授弗莱明。现在,他正在寻找一种能杀死病原菌的药物。他小心翼翼地取出一个个培养细菌的器皿,当取出第5个时,突然叫起来:"糟了,长霉菌了!"

几天前,他从病人的脓中提取了葡萄球菌,放在盛有果子冻的玻璃器皿中培养,繁殖起来的葡萄球菌密密麻麻地出现在果子冻上,一片金黄色,弗莱明称它为"金妖精"。这妖精使人生疖、长痈、患骨髓炎,引起食物中毒,很难对付。弗莱明培养它,就是为了找到征服它的方法。现在,他看到玻璃器皿里有一个地方沾上绿色的霉,开始向器皿四周蔓延,所以吃惊地叫喊起来。

空气中总是飘浮着各种霉菌孢子,因此在培养细菌时应注意不让它混进器皿。尽管如此,只要稍不小心,霉就会混进来夺走细菌的营养而繁殖起来。这样,培养细菌的实验就得从头做起。今天,他要看一看是何种霉菌在捣乱。不看不知道,一看吓一跳。他惊奇地发现,绿色霉菌的周围原来生长着的"金妖精"都消失了,只留下一个空着的圆圈。

为了证实这种绿霉的确能杀死"金妖精",弗莱明从培养器皿上刮下一点,放在一个盛有营养汤的培养器皿中。几天后,绿霉大量繁殖起来。把它滴入长满葡萄球菌即"金妖精"的器皿中,几小时后,"金妖精"全军覆没。他再将绿霉培养液稀释,1/2、1/4……直至1/800,仍能杀灭"金妖精"。他还用类似的实验证实,绿霉还能杀灭白喉菌、炭疽菌、链球菌、肺炎球菌等。从此,绿霉具有高效而广泛的杀菌作用被证实了,弗莱明决定给这种在绿霉菌中产生的、谁也不知道的物质取名"青霉素"。并于1929年6月将相关论文发表在世界著名的英国《实验病理学》杂志上。

接着,弗莱明制取了一些青霉素结晶,兴冲冲地来到圣玛利学院附属医院,请医生临床试用于人体,但遭到拒绝。他又跑了一家医院，仍然如此。

他不愿再去第三家医院了。青霉素被打入冷宫。

当然，青霉素被打入冷宫还有另一个重要原因，就是从绿霉菌中提取青霉素太困难了。治疗皮肤上一个小伤口，就需用几千毫升培养液，才能从中提取一丁点儿青霉素。于是弗莱明想到用化学合成法。但化学不是他的专业，就只好求助于化学家了。使他遗憾的是，直到1931年，3名英国生化学家——克拉特巴克、洛威尔、雷斯特芮克的提取都失败了。

在这种既不能销也不能产的情况下，青霉素从此销声匿迹。

10年以后的1939年，传来了第二次世界大战隆隆的炮声。牛津大学两位学者镇定自若地在图书馆里翻阅资料：他们和其他科学家一样，期待着制造出比磺胺类药更好的药物。

原来，自从发现百浪多息之后，又产生了多种磺胺类药，它们成为第二次世界大战初期救治伤员的主角。但它们对一些病菌，会产生抗药性而无能为力——人们呼唤着更好的抗菌药问世。这两位学者就是在此背景下寻找新药的。

这两位学者分别是牛津大学的著名病理学家弗洛里——他认识弗莱明和他年轻的助手钱恩，后者是位德国化学家，希特勒上台后，迫使他背井离乡。

突然，钱恩大叫起来："教授，您看！这一篇。"弗洛里迅速转身一看，原来是前面所提到的弗莱明的论文《青霉素——它的实际应用》。这一偶然的发现使二人大为振奋。弗洛里立即找到了弗莱明，向他索取青毒素的菌株……

那么，弗莱明的菌株"现在还好吗？"

虽然当年青霉素既不能销也不能产，但弗莱明却没有放弃——他颇为执着地把它在培养基上定期"传宗接代"——一传就是10年！所以他毫无困难地把它交给了弗洛里。

1939-1941年，英国科学家马丁和赛恩其，发明了“分配色层分析法”（简称“纸层分析”）——一项把复杂化学物质分开的技术。于是，青霉素最终完成了“再发现”，并以“盘尼西林”的大名，成为第二次世界大战中的“神药”。二人也因此荣获1952年诺贝尔医学和生理学奖。

可能有人会说，这个10年的“传宗接代”没有什么了不起。不，这10年的坚持不但需要远见——坚信它会成为“有用之才”；也需要信念——坚信它能够“东山再起”；更需要痴迷和执着——3000多天也许是没有尽头的“黑暗”，无数次简单重复的劳动很可能是做“无用功”啊！

可不是吗？有人就没有这样的远见、信心和痴迷：1911年，里查德·威斯特林在斯德哥尔摩大学答辩的博士论文中，就早于弗莱明发现了青霉素产生菌，可他的发现却永远地淹没在历史的长卷之中！

在1945年诺贝尔医学和生理学奖授奖仪式上，弗莱明、弗洛里、钱恩因对青霉素的贡献得奖。弗莱明在做获奖演说的时候，拿出了一个玻璃培养皿的照片来。他说，他“把那个长有霉菌并含有病态葡萄球菌菌落的小器皿，当作纪念物保留了起来”。

到此，我们已经知道了那个拍卖3.5万美元的物件是什么了。它就是弗莱明在大约68年以前的、直径5厘米的玻璃细菌培养皿，只不过在它上面刻了一行小小的但却金光闪耀的字：“盘尼西林的产床，亚历山大·弗莱明。”

采集标本一万多

20世纪以前，结核病十分猖獗，夺去了许多人的生命——那

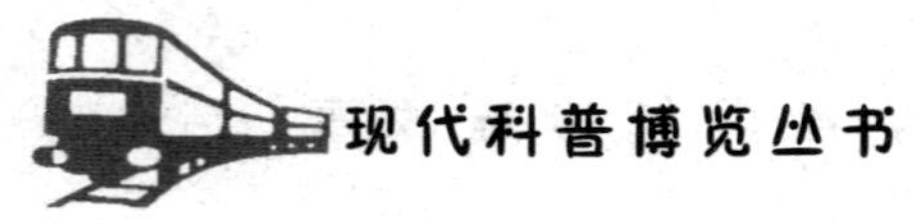

时青霉素还没有发明。

1882年，德国科学家郭霍发现了结核杆菌，但一直没有找到制服它的有效药物。到了20世纪30年代，美国科学家偶然发现，结核杆菌一旦埋入土壤中，过一段时间它就会死亡。于是，美国微生物学家瓦克斯曼和助手沙茨等就着手从土壤中“挖宝”——在全国各种土壤中提取能杀灭结核杆菌的“霉菌”。

瓦克斯曼（1888—1974）原籍俄国，1916年加入美国籍，拉特格斯大学毕业后，又进入加利福尼亚大学学习，并获得哲学博士学位，曾任拉特格斯大学教授和该校微生物学研究所所长。

阿尔伯特·沙茨出生在美国康涅狄格州一个穷苦的犹太农民家，也在拉特格斯大学读农业，毕业后就当了瓦克斯曼的研究生，在实验室里寻找抗生素。每月仅40美元的低报酬并没有阻止他热爱这一工作。他找到了放射线菌属的两种蘑菇，它们具有抵制多种抗青霉素的菌种繁殖的作用。

当时，结核病的传播非常厉害，惊慌失措的瓦克斯曼严禁有关实验。但执着的沙茨最终还是感动了瓦克斯曼，使后者为他试验一种提取物对结核病传染所起作用开了绿灯，但只能在大楼的地下室进行，并禁止沙茨或其他任何人自由进出地下室，物品也不准随意进出。吃饭则由沙茨的妻子在每天中午由一个小窗口送入，可以交谈几句。

囚犯般的生活并没有阻止沙茨不懈的努力，他终于在1943年的一天惊喜地发现，从灰链丝霉菌的培养基中可提取一种叫链霉素的药物，对结核杆菌的繁殖有抑制作用。这一发现使瓦克斯曼喜出望外，因为不管是他和伍德拉夫在此前1940年发现的放射线菌素，还是1942年发现的灰链丝菌素，对人的毒性都很大，而链霉素这种毒性较小的抗菌素则可使长期难以治愈的结核病得到有效治疗。

1944年1月，他们终于从1万个全国各种土壤的标本中，找到了能制服结核杆菌的“链霉素”！这样，师生二人署名的这项成果便被刊登在1944年的一期《实验生物学和医学协会会刊》上。

1万个标本！这需要多么大的耐心，又付出了多少精力啊！

在人类研制药物的征程中，像这种执着和痴迷并不鲜见。

德国药物学家欧立希等研制治疗梅毒的药物“606”和“914”的时候，就分别失败了605次和913次。

法国细菌学家卡尔麦特和介兰，为研制著名的“卡介苗”，历时40年才成功，对它的减毒性的培养就连续做了231次，每次要间隔3个星期，共用去13年。

美籍波兰科学家夏莱等，用了6年时间从10多万头猪的丘脑中，分离出不到3毫克不纯的脑垂体激素，而美籍法国科学家吉耶曼等，则从27万头羊的丘脑中才得到13毫克纯品。他们持续21年的研究，共处理200多万个猪脑、5 000多万只羊脑！在其他领域的科学家也是这样。

瑞典化学家贝采利乌斯，研究了2 000多种化合物和当时发现的所有43种元素之后，才发明了用拉丁字母表示元素符号的方法。

19世纪的德国生物学家魏斯曼连续为22代的1 529只老鼠割去尾巴，但它们的后代仍有尾巴。他就这样验证了获得性是不能遗传的。

19世纪的德国工程师利林塔尔研制飞机，进行了2 000多次滑翔机飞行，最终在1896年8月9日从15米高处摔下，第二天不治身亡。

中国化学家侯德榜发明的“侯氏制碱法”，经过了500多次试验，分析了2 000多个样品，才于1940年初步取得成功。

……

观察日食要亲躬

门捷列夫是俄国杰出的化学家。他最伟大的贡献就是揭示了元素周期律，可是，他还有点“不务正业”——冒着危险观测了日食。

1834年2月8日，德米特利·伊万诺维奇·门捷列夫出生于西伯利亚西部的托博尔斯克小城。他是家里14个孩子中最小的，如果连死去的孩子算上，他则是第17个孩子。他父亲早年毕业于彼得堡中央师范学院，曾先后担任过两个中学的校长，后因同情革命者，才被调任托博尔斯克中学任校长。就在他刚刚出世后不久，父亲便因双目失明而被迫退休了。他的母亲是一位勤劳能干的妇女。父亲退休后，微薄的退休金难以维持这个大家庭的生活，母亲只好从自己哥哥手上接管了一个破旧不堪的小型玻璃厂，苦苦地维持着全家的生活。母亲的刚强和干练给了门捷列夫巨大影响。

1841年，门捷列夫同他的小哥哥一起进入托博尔斯克中学学习，尽管他身体不好，时常生病，但由于他学习刻苦，肯动脑筋，所以成绩一直很好。就在门捷列夫上中学时，一连串的不幸又降临到他家。1847年，父亲和大姐先后病故，一年以后，玻璃工厂遭火灾化为灰烬。哥哥们外出谋生，姐姐们也先后嫁人，母亲身边只剩下了他和一个尚未出嫁的小姐姐。

1849年，门捷列夫以优异的成绩中学毕业。为了能让小儿子进入著名的莫斯科大学深造，母亲毅然变卖了全部家产，带着门捷列夫和小姐姐跋涉数千里来到了莫斯科。

但是，莫斯科大学拒收这个不属于自己学区的学生。于是，

母亲便只得带他们到彼得堡，但彼得堡大学同样不收这个外省的中学生。后来，在父亲的一些老朋友的帮助下，门捷列夫才在父亲的母校彼得堡中央师范学院报上了名，并考入了这所大学的自然科学系。

门捷列夫刚刚进入大学时，由于中学是在落后的小地方读的，基础不好，所以第一学期的成绩仅名列全班28人中的第25名——倒数第4。但他毫不气馁，奋起直追，毕业时跃居全班第一，荣获金质奖章。

就在入学的那年秋天，门捷列夫的母亲去世了，一年半以后，他的小姐姐也病故了。门捷列夫在彼得堡变得举目无亲，只得靠少得可怜的奖学金来买必要的书籍用品。但他始终牢记着母亲的临终遗言："不要欺骗自己，要辛勤劳动，不懈地寻求科学的真理。"

由于生活清苦和过于用功，门捷列夫在读大学三年级时身体便累垮了，他不得不住进医院。他偷偷把书本纸笔带进了病房，一天也没有停止过学习。医生和护士被他不屈的意志和罕见的热情所感动，最后决定让他带病复课。

1855年5月，门捷列夫以第一名的成绩毕业于彼得堡中央师范学院，被派往边远的辛菲罗波尔，后又去敖德萨担任中学教师。在任教不到一年的时间里，他完成了自己的硕士论文《论比容》。1856年，门捷列夫通过了硕士学位考试。1857年，他就任彼得堡大学副教授，年仅23岁。1859年，门捷列夫获准到普鲁士等国进行深造。

门捷列夫生活十分简朴，衣着常落后别人一二十年，但他毫不在意，他说："我的心思在周期表上，而不在衣着上。"

1890年3月，为支持反对沙皇专制统治的学生运动，门捷列夫愤然向沙皇教育部辞去了大学教授的职位。离开工作过30多

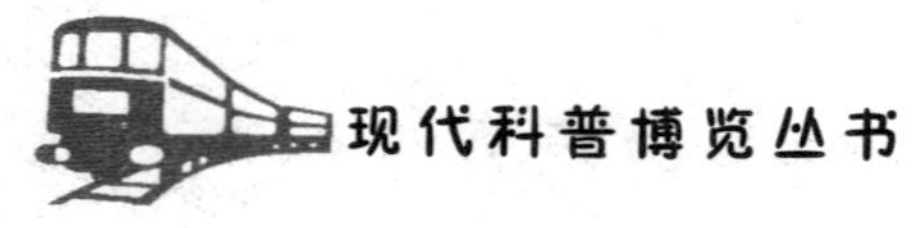

年的大学，这虽然是十分沉痛的事情，但为了维护正义，他“没有感到痛苦”，也没有消沉下去。其实，早在1861年底彼得堡大学的学生集会遭到破坏时，门捷列夫就写道：“万恶的时代，卑鄙的时代——除了青年以外，一切都委靡不振。”对沙皇当局表示强烈不满。并且说，“我很镇静，让他们来抓吧。”

门捷列夫的献身科学的痴迷精神也是他人格的写照。1887年，为了研究日食和气象，他自费建造了气球，设计坐两人，但充气不够，仅能坐一人。在这种情况下，此时已53岁的他，不顾朋友的劝阻，毅然冒险跨进气球吊篮里，独自飞上天空。当操纵器失灵，随时有从高空中坠落的危险时，他沉着、勇敢，爬到气球壳上，在飞行中排除了故障，最后成功地观测了日食。飞行完毕，欢迎的人群要抬着他走，他谢绝了。

这件事深深地感动了他的朋友们。为此，法国气象航空科学院还向门捷列夫颁发了荣誉奖状，以表彰他在“飞行上所表现的勇敢精神”。

门捷列夫年近七旬时，还准备领导北极探险，开辟北方海路，后因沙皇政府不予支持，探险未能进行。临终前3个星期，他还参加讨论了乘飞艇到北极探险的计划。

门捷列夫工作也非常勤奋，研究科学终身不懈。他发表过的科学著作有500多种——其中包括篇幅达数千页的巨著，他的藏书有1.6万册，卡片有1万多张，身后遗稿多达431篇。1869-1871年写成《化学原理》时，几乎整整有两个月未离开书房。到了晚年，门捷列夫常常生病，视力衰退到半盲，双手颤抖不能写字，但仍口授由秘书笔录编写自传，整理自己的著作。即使年至七旬双目失明，他仍坚持从清早就开始工作，一口气写到下午五点半，晚饭后又接着写。

1907年年初，他的一个姐姐来看望这个面色苍白、头发稀疏

的小兄弟，难过地说：“你需要休息，你这一辈子工作得够多了！”门捷列夫回答：“对于我来说，最好的休息就是工作！”

门捷列夫真的工作到最后一天。1907年1月20日清晨，人们在他的书桌前发现他已经与世长辞——桌上还放着一本没有写完的书，手中还握着笔……

光线治疗法的诞生

1893年的一天，丹麦哥本哈根的医生芮尔斯·赖波·芬森偶然看到一只猫静静地躺在晒太阳。过了一会儿，他又偶然发现，猫躺着的位置变了。原来，太阳的阴影移动了。他又继续观察，发现每当阴影出现时，猫都要挪动位置，以保持阳光始终照在自己身上。这使芬森觉得奇怪：是不是猫怕冷呢？

经过细心观察，他终于发现猫晒太阳的原因。原来猫身上有一个发脓的伤口，它正在用阳光为它治伤呢！

芬森得到这一情况后，进行了进一步的研究。发现是阳光中的紫光和紫外光部分具有治疗疾病的作用。1894年，他又发现紫外线深度治疗一般狼疮有良好的作用。继而他又发明了“芬森氏灯”和“光线疗法”，以光线来治疗一些疾病，使光疗在20世纪初就开始得到了广泛应用。芬森也因用光治病特别是治狼疮疾病而获1903年诺贝尔生理学和医学奖。光（含不可见光如X光）治病的方法也从此开始。

近年，在放射线对人体影响研究的领域里，出现了一个十分引人注目的新名词——“荷尔米西斯效果”。“荷尔米西斯”是希腊语中含“刺激、促进”等意的词。该效果的意思是，放射线和药物一样，过量对人体有害，适量对人体有益。1980年，美国密苏里大学的拉基教授对约1200种动植物进行放射线照射并分析其实验结果后，提出了“荷尔米西斯效果”这一概念。

科学家们相继证明了“荷尔米西斯效果”不但适用于人体，也适用于任何动植物。例如，1987年，法国普拉奈尔用草履虫做实验时发现，被铅板屏蔽射线环境中的草履虫，其繁殖活性低；而辐射剂量恢复到天然辐射剂量时，则恢复繁殖活性。又如，日本东北大学东京女子医科大学联合研究小组经临床实验证明，对恶性淋巴肿瘤患者进行低剂量放射线治疗，结果70例患者全部治愈。美国也正在研究如何将低剂量射线辐射应用于艾滋病治疗。

目前，人类对“荷尔米西斯效果”的作用原理虽然作出了一些猜测，但仍无确证。不过，该效果有可能给人类攻克某些“不治之症”带来一些福音。

麻沸散的发明

东汉末的华佗被誉为中国的神医。但有一件事常使他深感不安：即没有麻醉药，动手术时，病人常痛得厉声惨叫，死去活来。

一次，他正在鲁南行医。一天，几个人抬着一个受伤的汉子来找他治疗，这汉子是自己跌到沟里把腿摔断的，华佗同往常一样给他做手术。但这时他奇怪地发现，这汉子不但没有痛苦地挣扎、呻吟，反而软绵绵的，任人摆布，好像一点感觉都没有似的。这是什么原因呢？华佗在手术后得知，这人是喝酒醉了才摔到沟里的。正因喝酒醉了，人才没有痛苦的感觉。华佗受此启发，他想，如果能制出一种药，在手术前给病人吃下去，使他像醉了一

样，动手术时病人不就没有痛苦了吗？于是他便处处留心、时时注意收集这方面的情况。经过多年多次试验，终于制成了一种中药麻醉剂——麻沸散。这一发明已载入医学史册。

华佗发明麻沸散的伟大创举，不是天生的，也不是祖传的，而是他和他的亲生儿子、妻子冒着生命危险通过亲自实践换来的。他绞尽脑汁、冥思苦想，到处访问、寻求，并以他的亲生儿子“沸儿”的生命为代价，终于制成了“沸心汤”即“麻沸散”。这个药名，就是为了纪念他的沸儿而取的。

华佗发明麻沸散的史实，在史书《后汉书·华佗传》中也有记载：“若疾发结于内，针药所不能及者，令先以酒服麻沸散，即醉无所觉，因刳剖腹背，抽割积聚。若在胃肠，则断截湔洗，除去积秽，既而缝合，敷以神膏，四五日创愈。”这就是说，如果疾病发生在胸部，用服药或针灸的方法治不好时，就可施行外科手术。手术前先给病人用酒送服“麻沸散”，不久病人就会如酒醉一样失去知觉。这时候就可以用手术刀打开腹腔，切除肿块，除掉污秽，然后接通吻合内部器官，缝合外部切口，再涂上药膏。四至五天后，伤口便逐渐愈合。

华佗的麻醉术对后世有很大影响。自华佗以后，历经唐宋元明清诸代，麻醉术均有所发展，并由全身麻醉发展到局部麻醉。华佗的麻醉术在国外也有很大影响。美国有位叫拉瓦尔的药学家，他在一本叫《药学四千年》的书中写道：“一些阿拉伯权威提及吸入性麻醉术，这可能是从中国人那里演变出来的。因为据说中国的希波克拉底（希腊古代的医圣——引者）华佗曾运用这一技术，把一种含乌头、曼陀罗及其他草药的混合物应用于此。”在日本，古今医学家很早以来就推崇华佗在麻醉术方面的发明。

华佗虽然发明了麻沸散这种麻醉药，但最早问世的麻醉药应是战国时扁鹊所研制的“毒酒”。

中国古代的麻醉方法很多，如放血麻醉、压迫颈部血管麻醉、冷冻麻醉、催眠（精神）麻醉、药物麻醉、针刺麻醉等。其中以药物麻醉最常用，历史也最悠久。古书《列子》里的《汤问》篇，记述了扁鹊医术高明、常手到病除的故事。一天，有两个人来找他看病，扁鹊诊断这两个人都患有心脏病，决定施行手术治疗，把两个人的心脏对换一下。做这样的手术必须全身麻醉，扁鹊便给他们喝下“毒酒”，然后做了换心手术。

古代所谓“毒酒”，是指吃后身体发生剧烈的反应的麻醉药物，但未记载具体成分。不过“毒酒”中的酒本身确有一定的麻醉效果，醉酒的人会出现昏迷、头重脚轻、跌跌撞撞，有的被摔得头破血流仍不觉得疼痛。这一现象引起了包括扁鹊在内的医家注意，致使扁鹊把酒中加上药物研制成麻醉药“毒酒”。

前述《列子》中的故事，当然有些言过其实。在当时的条件下做换心手术，即使扁鹊医术再高明，也解决不了人体对异体移植器官的排斥免疫反应，这是一个当代医学也未完全解决的问题。但用麻醉药的方法便于施行外科手术进行治病尝试，这却是可信的。

在国外，古印度等国也曾有过麻醉术。如印度、巴比伦、希腊等古国，曾用大麻、曼陀罗花根及鸦片等制成麻醉剂，用酒精性饮料送服。印度古书在介绍麻醉术时，也提到如肝脏复位这类难以置信的外科手术。在时间上，这些史料都较扁鹊所用“毒酒”为晚。

一千五百多年以后，美国莫顿发明了西药麻醉剂，并逐渐取代了中药麻醉剂。这是由于西药麻醉剂具有生效时间快、麻醉时间和部位易于控制等优点的故，故今常用于临床。

西药麻醉剂

美国的威廉·莫顿(1819–1868)以牙医为业,专事镶牙。镶牙前得先拔出旧牙根。在没有有效麻醉剂之前,拔牙会使患者痛苦不堪。1842–1843年,莫顿曾与比他稍年长的霍勒斯·威尔斯合作研究麻醉,但无结果。由于双方均未因合作而获利,于是两人便于1843年末分道扬镳。

1799年,英国化学家戴维首先发现笑气(氧化亚氮)有一定的麻醉作用,他曾赋诗描述它使人情不自禁发笑的有趣情景。这一消息传到美国后,于1844年在该国东北部的康涅狄克州哈尔福特城街头贴出这样的广告:"欢迎自愿者吸入笑气。"原来,是一个名叫科尔顿的化学家要进行公开表演:说谁吸入了他的笑气,就会发笑,然后失去知觉而昏昏入睡。1844年12月10日,公开表演在该城哈佛联合厅进行。一位名叫库利的店员自告奋勇吸入笑气后,立即兴奋起来,失去控制,去攻击维持秩序的人,边跑边叫,一不小心被椅子绊倒,腿受了重伤,但仍不觉疼痛。科尔顿的公开表演成功了。

在同一时期前后,威尔斯也把笑气作麻醉剂进行试验,他在康涅狄克州的哈特福德医疗中取得成功;但他在波士顿的一次公开表演中却遭到失败,被人们当作骗子,这是由于他所用剂量不够的缘故。由此看来笑气作麻醉剂并不理想。于是人们又开始另找好的麻醉剂。在这种情况下,莫顿向化学教授查尔斯·杰克逊请教。

杰克逊是一位学识渊博的医生和科学家。他向莫顿谈起了一次偶然事件:一次他在作化学实验时,不慎吸入了一大口氯气,为了解毒，他又立即吸入一大口乙醚，不料，他这时感到浑身松软，不一会便失去了知觉，直至很久才醒来。他建议莫顿试用乙醚。乙醚具有麻醉等性质，早在三百多年前就被著名的瑞士医生和“炼金家”巴拉塞尔士所发现，在19世纪初还出现过类似内容的报告。但是杰克逊和任何论述乙醚的人都没有将乙醚用于外科手术。

莫顿接受了杰克逊的建议，认为乙醚可能是大有前途的麻醚剂。于是他开始用动物(包括他的爱犬)试验，然后用自己的身体试验，均获成功，但尚未实际用于外科手术。又是一个偶然的机会来到了。1846年9月3日，一个名叫埃本·弗罗斯特的人奔进莫顿的办公室。他对莫顿说牙齿疼痛难忍，非拔不可，情愿接受能缓解拔牙疼痛的任何疗法。于是莫顿给他吸入乙醚，随后给他拔了牙。埃本·弗罗斯特恢复知觉时说，他未感到任何疼痛。莫顿的乙醚麻醉剂取得了成功。

1846年10月6日，莫顿又作了乙醚麻醉的公开表演，从此这一麻醉技术得到了广泛的应用。

莫顿为自己的发明发现申请了专利，并得到10万美元的奖金。可悲的是，威尔斯和杰克逊却妒火中烧，与他争讼发明权达20年之久。结果威尔斯自杀，杰克逊得了精神病。莫顿于1868年也因脑溢血而死，时年才49岁。

克劳福德·朗是佐治亚的一名医生，1842年他就在外科手术中使用过乙醚，比莫顿的表演早四年，但1849年他才发表试验结果，此时莫顿的表演已广为人知。1853年，斯诺医生用麻醉剂为维多利亚女王施行了无痛分娩手术。此前1847年1月，苏格兰人辛普森也用乙醚做过这种无痛分娩手术；同年，他还发明了用氯仿麻醉的方法。其后，麻醉剂传遍欧美以至全世界。

乙醚是一种疗效惊人、用途多样化的药品，它的使用使外科

手术发生了革命。虽然今天在极个别情况下可找到比乙醚更理想的药物或复合药物，但乙醚仍是最常用的麻醉剂。尽管它有易燃和恶心这一副作用等缺点，但药无完药，它仍是曾发明的用途最多的麻醉剂。它便于运输，融安全性和有效性于一体。面对后人得到的利益，当年心灰意冷、穷困潦倒而死的莫顿若在下有知，应当感到欣慰。

在麻醉剂发明之前，如果有人要拔牙或截肢，医生为了减轻病人的痛苦，会用上五花八门的手段，比如催眠、冰敷、草药、荨麻，或者注射威士忌等等，就差一闷棍把病人打昏了。但没有一种手段是既无痛又有效的。所以当时的外科手术都在医院僻静的角落里进行，以免让人听到病人撕心裂肺的惨叫声。对此，人们束手无策，以致在1839年外科医生维尔普曾断言："要想开刀不痛，那是妄想；至今还要继续研究，实属荒唐。"这说明他除了对中国麻醉药已经发明的无知和对人类智慧的蔑视外，还说明莫顿等人发明的麻醉剂是何等重要！

是的，西药麻醉剂的发明是医学上的里程碑。美国哈特在《历史上最有影响的100人》一书中介绍排名第56的莫顿时，这样谈到了麻醉剂的重要性："没有麻醉，精细或长时间的手术就无法进行，甚至连简单的手术也经常退避三舍，贻误病人，以至宝刀空搡，望病兴叹"，这是很恰当的。因此，人们献给莫顿的碑文是："了却一切外科苦，麻醉济生君勋殊。往昔手术撕心碎，君握科学解病除。"

其后，人们对麻醉药又进行了深入研究。

首先，在麻醉药的品种上，人们试验了几千种药物，以期找到更好的麻醉剂。例如，1904年发现的局部麻醉药普鲁卡因，其毒性就比以往用的局部麻醉药小得多。但由于腰脊针刺断针的问题没有解决，影响了使用，直到20世纪50年代以后不锈钢针的出

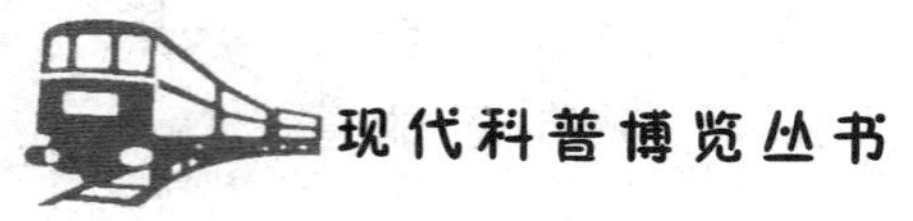

现,才使此药大量应用。此外,人们还在乙醚、氯仿等麻醉剂中,混入一定量的氧气以减轻其毒性。60年代又根据生理学家的建议,加入3%~7%的二氧化碳,以加深其呼吸作用。同时,还发现丙烷等药物不刺激人体黏膜,对肌肉松弛作用较好。1942年,发现古老的箭毒即马钱子,它是属植物的提取物,被用于麻醉,对肌肉的松弛很有效。寻找到使肌肉松弛的药物是20世纪麻醉学中最突出的进展,直到目前还在不断改进。

其次,麻醉的方法也在不断改进。从当初的涂抹、肌肉注射、呼吸道吸入发展到从血管中注入,有时还配合以降低体温的方法。

第三,对麻醉的原理也进行了长期的研究。目前对麻醉的基本认识是,它不同于睡眠。在睡眠中,神经细胞不是完全受抑制的;相反,在某些部位,神经细胞会更活跃,因此睡眠中的人对外界刺激有反应。而麻醉状态下的大脑与外界则关闭了联系(以致当年麻醉剂刚诞生时,一些学生曾采用过吸入乙醚、氧化亚氮来玩“乙醚游戏”,在无痛状态下撞墙取乐)。不过,至今为止,人们虽然对麻醉下了这样的定义:“一种不同于睡眠的状态,没有记忆,没有本能的感觉反应,用药物控制下的暂时状态。”但对麻醉的原理仍莫衷一是,各执己见。美国斯坦福大学医学院的一位教授说:“有多少研究者就有多少理论。”例如,“一元”论者认为,所有的麻醉药都有一个相同的机制:麻醉药溶入神经细胞膜,使其产生了结构性变化,比如细胞膜长长,这就使神经信号传递失常。但若果真如此的话,现在应该找到比现有数目多得多的麻醉药,而事实上却不是如此。又如,“多元”论者认为,每一种麻醉药都不只针对一个部位,也不是只有一个机制:脑电图显示病人在使用不同麻醉药时,脑中电脉冲明显不同,这表示不同麻醉药在神经信号上有不同的作用效果,在临床上也表现为不同记忆、恢复

和知觉效果。这些理论都没有解决麻醉原理问题，以至一位麻醉药专家曾对新闻媒体说："现在人们对麻醉原理的了解程度比150年前多不了多少。"

麻醉已经从一门技术发展为一门学科，其奥秘需要人们去探索。

看到"杆蜡"引出的发明

凡士林（Vaseline）是一种油脂状石油产品，是液体和固体烃类的混合物。有润滑、绝缘、防锈、药用和作化妆品等功能。渔民把成团的凡士林放在钓钩上当诱饵，妇女用它擦去眼皮上的化妆品，游泳者把它涂在身上避免寒冷的水的刺激，汽车司机把它涂在汽车电线头上可防腐蚀……

1859年，在美国纽约市的布鲁克林，药剂师切斯博罗到宾夕法尼亚州新发现的油田去参观。他在那里偶然看见石油工人非常反感"杆蜡"——抽油杆上所结的蜡垢，因为工人必须不时将它们从杆上清除，可是，工人们虽然抱怨，却承认这种东西对灼伤和割伤有止痛治疗之效。切斯博罗好奇心起，收集了一些杆蜡，带回家去研究，看它究竟有没有这种功效。

切斯博罗推想，如果从"杆蜡"中提炼出不会腐坏变臭的油膏，那将会成为大量需求的产品。他花了11年时间，研究如何提炼和净化这些渣滓。为了试验，他曾把自己割伤、刮伤、灼伤。1870年他终于完成了研究工作，建立了第一座制造这种油膏的工厂，并将产品命名为"凡士林"。

切斯博罗对自己能活到96岁不感到惊讶。他生病之时，从头到脚都涂上了这种凡士林，他说他的长寿完全得益于此。

人造血的发明

1966年的一天，美国科学家利兰·克拉克和往常一样，在辛辛那提医学院的医学研究实验室里做实验。突然，一只做实验用的老鼠从笼子里逃了出来，在逃窜时偶然掉在一个装有氟碳化合物的容器中。他慌忙去捞，捞了好久才把它捞上来。他原以为老鼠必将被淹得半死，可是，他却发现，它并没有奄奄一息，而是抖了抖身上的液体便逃窜而去。

克拉克觉得很奇怪：为什么老鼠会长时间离开空气而生存下来呢？为了进一步证实和研究，他又取来一些大白鼠淹在前述容器内，并将氧气通过管子进入液体内。结果这些老鼠竟存活了两个多小时而未死去。原来，这种氟碳化合物名叫二氟丁基四氢呋喃，其溶氧能力约为水的20倍，所以有充足的氧气供老鼠生存用。克拉克由此得到启发，既然这种物质的溶氧能力这么强，是不是可以用它携氧作“人造血”呢？于是他又对此进行了进一步的实验和研究，以期制得适合人体需要的“人造血”。

但是，克拉克所用的这种氟碳化合物有毒性，还不能用于人体。当这一消息传到日本后，日本医生内藤良一便专程去美国拜访了克拉克，了解有关详情。他回国后，便和大阪市绿十字医院的同事们一起，进行了数百次试验研究，于1978年研制成功了人造血——氟碳乳胶溶液(FDA)。它是一种乳白色胶体。他首先在自己身上输了50毫升，并无不良反应。最终于1992年2月宣布制造人造血取得成功。

输注FDA时不必查血型，FDA不带任何病菌，不会引起传染病，可存放一年，而天然血只能存放三个月。但FDA缺乏血小板、

白血球及其他血液成分，只能起到红血球的输送氧气的作用，它对肝脏和肾脏还有一定的毒副作用，一次不能大量输用。所以，FDA虽因抢救了数以万计人的生命而取得成功，但目前科学家们仍在寻找更好的人造血。

在1997年末，英国科学家就提出用牛羊奶生产人造血浆。2000年，法国科学家宣布一种新型人造血——溴代全氟辛烷，将解决原来人造血不易被人体排泄出去的问题，目前正试用于临床。能生产人体血红蛋白的转基因烟草已培育成功，能生产人体血红蛋白的转基因玉米的培育工作也处于试验之中。

色盲病

1794年英国物理学家、化学家道尔顿(1766-1844)在曼彻斯特教数学和哲学。

在他母亲70岁生日那天(一说为1793年圣诞节那天)，道尔顿给老人家买了一双蓝色的袜子，高高兴兴地给母亲送去，作为生日礼物。母亲接过一看，愣住了，说："孩子，你给妈买礼物，妈很高兴，但这么鲜嫩的颜色怎么穿得出去啊?"道尔顿听了很惊奇，回答说："妈，这是一双蓝色的袜子，正适合您，您怎么说颜色很鲜嫩呢?"母亲回答说："这哪里是蓝色，这是樱桃红色啊！"一个说是蓝色，一个却说是樱桃红色，真是说不清。

只好叫来弟弟当"裁判"，弟弟也说是蓝色，可老人家还坚持说是樱桃红色。于是道尔顿又叫来街坊四邻，但他们都说是樱桃红。道尔顿顿时纳闷起来：为什么同一种颜色由不同的人看，会"变"成不同颜色呢?

这时，道尔顿又回想起以前类似的情况。小时候一年的秋天，他和小伙伴到苹果园摘苹果吃，其他人都摘红的熟透的吃，而他却摘青的吃，酸得难以入口，小伙伴都笑他。又有一次，一队穿红色军装的士兵从街上走过，他说军装是暗灰色。1792年夏，他看到白天本来是蓝色的天竺葵花，却变成暗红色，一连几天都如此……

想到这些情景，道尔顿越发纳闷起来，这究竟是怎么回事呢？

道尔顿是个有心人，他没有在这怪异现象面前止步，而是对此进行认真研究，最后得出结论：他和弟弟都患有一种病——色盲病。他还专门写出了《论色盲病》的论文。

可见，色盲病和色盲病人都是道尔顿偶然发现的。由于色盲病是道尔顿最早发现的，所以后人又把它称为“道尔顿病”。

色盲是怎样发生的，目前还不清楚，一般认为是先天遗传造成的，即父母有色盲，其孩子就有可能是色盲。至于因视神经或视网膜得病引起的则很少见。男的比女的患色盲多5~6倍，这是因为先天遗传有规律性，例如：父母若都有色盲，则其儿子必定是色盲，而女儿则是带色盲病者，不一定是色盲。所谓带色盲者，就是本人没有色盲，但婚后所生儿子半数有色盲，女儿半数是带色盲者。所以，男色盲比女色盲多。色盲病人不宜从事有关辨别颜色的工作。1875年瑞典发生过一起火车互撞事故，就是因火车司机是一位色盲病人所造成的，从此这种病引起了人们的注意。目前，还没有治疗色盲的好办法。

巴斯德消毒法

1857年，法国里尔城的制酒厂偶然发生了一起事故：味道可

口、气味芬芳的啤酒莫名其妙地变酸了，一桶桶啤酒堆积如山，卖不出去，酒厂面临破产的危险。当时巴斯德(1822-1895)已是闻名法国的斯特拉斯堡大学的化学教授，老板便请他帮助解决这个问题。

尽管巴斯德对这偶然遇到的啤酒变酸的问题是门外汉，但他感到科学家的责任义不容辞，便答应了。他来到酒厂，认真调查研究，仔细查看各个工艺流程，寻找啤酒变酸的原因。他把变酸的酒浆和正在发酵的甜菜汁放在显微镜下观察，并翻阅了许多文献，煞费苦心地思索着。最后巴斯德把他的研究结果告诉酒厂老板，酒变酸的原因找到了，是乳酸杆菌在捣乱。乳酸杆菌繁殖相当快，但它有个致命的弱点是怕高温，只要把酒加热到一定温度并保持一段时间，就会被杀死，啤酒就不会再变酸了。这就是著名的"巴氏消毒法"。

所谓"巴氏消毒法"即"巴斯德消毒法"，又名"巴氏灭菌法"，就是把待消毒、杀菌的饮料或其他食品盛在适当的容器中，置于50摄氏度~100摄氏度的温度下——例如用热水浴，让其缓缓受热，并持续足够的时间，就能对饮品消毒灭菌。这一沿用至今的消毒法目前应用还很广泛，例如对牛奶、啤酒消毒就是实例。经过巴氏消毒法处理的牛奶，结合低温冷藏，可使鲜牛奶保持72小时品质不变，因此这种方法对牛奶的保藏意义重大。巴斯德发明这种消毒法的时间是1867年，他对啤酒消毒时的温度约50摄氏度。

由于巴斯德揭开了发酵的奥秘，找到了防止饮品变质的消毒法，促进了生物学和工程学原理的结合，从而奠定了生物工程的理论基础，所以通常被人们称为"生物工程之父"。

沙眼病毒

沙眼是一种古老的疾病，曾在世界各地广泛流行，给患者带来极大的痛苦，不少人因之失明。

那么，沙眼是如何引起的，又如何防治呢？这是科学家和医生们都在关心和研究的一个课题，其探索走过了艰难、曲折的道路。

最初，一些科学家把凡是沙眼内找得到的细菌，如葡萄球菌、淋球菌、肺炎球菌等30多种细菌都认为是沙眼的病原菌。这就是沙眼的细菌说。

然而，上述30多种细菌接种于人或猴的眼结膜内时，都不能引起沙眼病症状的发生。而在能引起沙眼的沙眼组织的滤液中，却怎么也培养不出任何一种细菌。这样，轰动一时的细菌说便被否定了。

其后，又有一些科学家提出颇有影响的立克次体说，认为立克次体即沙眼病原。然而，后来许多科学家的研究证明：立克次体非沙眼病原，这是因为立克次体与沙眼病毒在形态上或染色体上比较相近而造成的误会。上述两种学说被否定后，1907年捷克科学家提出沙眼是由病毒引起的病毒学说。此说法虽被科学家们所接受，但这种病毒是什么？如何把它分离出来？这始终是个未解开的谜。

由于不能分离出这种病毒，这种学说就只能停留在未经证实的假说阶段，而且，由于得不到病毒株，人们对沙眼的传染、诊治、预防、免疫等方面的研究也就无法进行。因此，尽快地把沙眼病毒分离出来，就成为全世界沙眼病研究者的共同愿望。然而，半

个世纪过去了，世界各国科学家们艰辛的劳动却收效不大，沙眼病毒依然没有被分离出来。

中国最早的微生物学教授汤飞凡(1897–1958)虽然担任着卫生部生物制品研究所所长等许多领导职务，工作很繁忙，但仍一直惦记着沙眼病毒的防治研究。1954年初，他得到北京同仁医院眼科专家张晓楼的邀请，亲自领导、主持和参加了沙眼病毒的防治和研究。

分离沙眼病毒的困难究竟在哪里呢？为什么这么多科学家用了那么多的时间和劳动都没有成功？为什么和沙眼病原体同类的鹦鹉热病原体，早在1930年就用小白鼠和鸡胚这样的分离技术很容易地分离出来呢?

长期以来，汤飞凡常常思考着这些问题。20世纪50年代的一天，他偶然产生了一个新的疑问："毛病会不会出在青、链霉素上面?"因为在把沙眼病人的结膜材料接种到鸡胚上时，总要加青、链霉素，这是研究工作的常规。这个长期以来没有引起人们怀疑的操作常规，却在此时引起了汤飞凡的关注。他想：这个操作常规是根据什么提出来的呢？是根据分离病毒的经验制定的。自从病毒被人们一种又一种地分离出来以后，大家都知道它们对所有抗菌素都不敏感。所以，为了控制病人眼结膜里夹杂的细菌污染，都用青、链霉素。青霉素可抑制革兰氏阳性细菌生长，链霉素可抑制革兰氏阴性细菌生长，两种加在一起就可抑制各种细菌生长。

但是，他又进一步想，沙眼病毒是不是同以往分离到的病毒一样呢？既然其他病毒在光学显微镜下都看不见，而沙眼病毒在光学显微镜下却可看得见，那么沙眼病毒在对青、链霉素的敏感性上是不是与其他病毒也有所不同呢？假若沙眼病毒对青、链霉素有敏感性，那么，人们在接种时加的大量青霉素不是已经将它杀死了，那它又怎么能分离出来呢？

于是，他连忙找张晓楼教授了解临床上青、链霉素治疗沙眼的效果。随后又赶紧查阅各种中外文资料，了解国内外临床上应用这两种抗菌素治疗沙眼的情况，从中得到一个深刻的印象：链霉素治沙眼基本无效，说明它对沙眼病毒没有威胁，还可继续使用；而青霉素治沙眼的疗效则说法不一。但一本叫《人的病毒病》的英文书却比较肯定青霉素可控制沙眼症状的发展，于是他把注意力集中到青霉素上，将其用量果断地减少到原来的五分之一，结果一下子就分离出了沙眼病毒，时为1956年6月12日。

只有一次分离成功，还不能作为依据。汤飞凡又做了一次完全不用青霉素而用链霉素且用量增加一倍的分离，也在同年7月取得成功，8月初又分离成功。两年以后，英国等许多国家也纷纷报道用这种分离法取得的沙眼病毒。

1956-1957年，汤飞凡、张晓楼合作发表了他们包括上述成果在内的对沙眼病毒的一系列研究成果《沙眼包涵体的研究》等几篇重要论文。

为了使沙眼病毒在人眼内得到验证，1958年1月2日，汤飞凡让张晓楼把分离出的病毒给他注入眼内试验。“如果科学研究需要用人做试验，科学研究人员就要首先从自己做起。”这是汤飞凡的原则和格言，他以前也是这么做的。例如，早在30年代他同周城浒合作，将日本学者野口英世认为的“沙眼杆菌”注入过自己的眼内试验。这次沙眼病毒注入他眼内所呈现的症状，正是典型的沙眼病者的症状。从此，半个世纪以来人们对沙眼病毒的疑惑结束了。汤飞凡1958年《关于沙眼病毒形态学，分离培养和生物学性质的研究》等论文，为沙眼病原的研究揭开了新的历史性的一页。

沙眼病毒分离成功的消息传遍了全世界，许多著名生物学家

对这一填补微生物学空白的成就表示祝贺，被称为“汤氏病毒”的名词代替了“沙眼病毒”，其成果被大量引用，有的还编入教材，有人将其视为1958年医学十大成果之一，应写入年鉴，载入史册。1981年5月11日，国际沙眼防治组织在巴黎举行了隆重的仪式，授予汤飞凡和张晓楼金质奖章。

1958年9月30日，汤飞凡去世。李约瑟博士在致汤飞凡的悼词中说：“我荣幸地结识了你们国家这样一位杰出的科学公仆。……他是绝不会被忘记的。”

是的，汤飞凡这位中国微生物学的奠基者和国际著名的微生物学家以其崇高的科学美德、科学的献身精神，连同他的诸多成就被人们永远铭记在心。他的科研方法启迪着我们在科学道路上前进。

在发明电报的科学家贝尔的塑像下，有句关于机遇发现的名言：“有时需要离开常走的大道，潜入森林，你就肯定会发现前所未有的东西。”这也是汤飞凡作出上述重大贡献所用的科研方法的最好注释。

土豆发霉引出的发明

德国医学和细菌学家罗伯特·科赫在普法战争中自愿参加医疗队，担任伤员救治工作，并常利用业余时间，用显微镜观察研究细菌。

为了研究细菌，必须培养细菌，找到适于细菌生长的养料和条件。这时科赫想到营养丰富的肉汤，于是他请妻子一次又一次地做了很多肉汤，用来培养细菌。细菌倒是从肉汤中培养出来了，但有红的、黑的、黄的、绿的好多种细菌，这表明细菌是很多种混在一起的，而要观察研究某种细菌，就必须用单一的菌种才行。他为此绞尽脑汁，但培植单一菌种仍无结果。

一天，他正在厨房外踱来踱去，突然听到妻子在厨房里自言自语："这些土豆怎么长出红点和白点来了?"他偶然听到这话后，联想到自己研究的问题，如获至宝。他立即走进厨房，将一个土豆的霉点放在显微镜下观察，结果发现，红点全是球形细菌，白点全是杆状细菌。这使他立即领悟到用土豆繁殖细菌，可得到单一的菌种。

但是，用土豆作为细菌的培养基有一些缺点，例如营养太少，所以细菌生长很慢。于是科赫又转向发明培养基的研究。有一天，他的妻子做了一盘洋胶菜，他马上从这菜联想到：加肉汤的洋胶菜不是可以作良好的细菌培养基吗？于是他继续研究，最后终于在洋胶菜上培养出一种单纯的细菌群。这就是世界上第一次分离出的"纯菌种细菌培养基"，也是当今世界上每个细菌实验室还在使用的"固体培养基"。

科赫后来成为"绝症的克星"，并因在结核病防治研究上的突出贡献而成为1905年诺贝尔生理学和医学奖得主。

"大脑半球分工"的发现

癫痫是一种脑部疾病，俗称羊痫风或羊角风。癫痫严重发作会使病人陷入麻痹状态，甚至有停止呼吸的危险。在这种严重状态面前，医生不忍坐视，于是想到切断大脑胼胝体，使左右脑的一方所产生的扰乱电流不致波及另一方，这样做目的是暂时缓解症

状，并非企图根治。但令人吃惊的是，手术后不仅一方平静，而且左右脑都平静了下来。这样就偶然地发现了一种新的疗法。

从那以后，在遇到重症癫痫患者时，医生们便开始把手术刀伸向胼胝体这个禁区。这种粗暴的医疗处置方法，以后竟为挨不上边的脑功能创造性思维的研究奠定了生理基础，真是医学科学的偶然发现。而完成这一划时代发现的人是美国芝加哥大学精神病治疗机构的临床医师R.W.斯帕利。

在1971-1974年，斯佩里在追查癫痫病发作时，对做了脑胼胝体切断术后的病人的脑功能进行了测试，意外地发现大脑两个半球的功能不同的现象。当他初步发觉到左右脑的功能有所不同时，马上把自己的研究方向转向了大脑功能本身。

以后，他一步步地证实，左脑和右脑功能各自独立的活动。左脑是主管语言、概念、分析、计算的；右脑是主管想象、形象空间感、直观的。这项研究开辟了一个全新领域：以思维为对象的研究开始了。

在20世纪70年代以前，右脑还是个不被人注意的领域，过去学校教育的成绩并不能直接表现在创造力上面，这一现象一直被认为是由于个人天资不同的缘故。其实不然，由于对右脑功能的研究的进展，已经判明这并不是天资问题，而是在脑系统中什么部位起主导作用的问题。过去一直未受到重视的右脑（劣势脑）的功能在于掌管想象、灵感、直观，换句话说，它乃是主持例行思维的机构。在那以前，右脑是一个有它不多，无它不少的东西。现在发现，它乃是创造力的源泉，正是由于它的作用，人类才成了地球的主人。

如果是左脑受了损伤，这个人就要丧失说话的能力，变成一个残疾人，而右脑受到损伤的人则表面上变化不是很大，只是细看本人有点笨。因此，长期以来并未引起人们的注意。这表明社会机制是以左脑的运动作为重点的。偶尔有右脑活动较强的所谓左撇子,在人群中也只占极少数。

千百年来,紧紧闭锁着的“创造”圣殿的大门,意想不到地被斯佩里打开了。由于“大脑半球职能分工”方面的发现,他被授予1981年的诺贝尔医学和生理学奖。

水俣病的偶然发现

水俣湾是日本一个风景如画的海湾,渔民们靠丰富的海产生活。1950年,镇上突然出现了一个奇怪的现象,有些猫忽然得了怪病。站立不稳,走路晃晃悠悠,四肢不断抽筋,甚至最后竟自己跳进海里“自杀”。这除了让人们觉得奇怪之外,并未引起足够的重视——没有“人命关天”的“大事”,谁会去研究猫为什么会“自杀”呢?

可是,没过多久,当地有些居民也得了怪病,症状跟病猫十分相似。先是口齿不清,脸上毫无表情,走起路来东倒西歪,后来全身肌肉哆嗦,身体像弓一样弯起来,还发疯似的大喊大叫,最后在极端的痛苦中死去。这就是闻名世界的怪病——“水俣病”。直到这时,才引起了科学家们的极大重视,开始寻根究底。

然而,要找到病因并非易事,这种看似“无头无脑”的病让科学家们颇费周折。他们研究了近20年,解剖了许多病人和病猫的尸体,绞尽了脑汁,直到1969年才把病因搞清。

原来罪魁祸首是镇上一个在生产过程中采用汞作催化剂的氮肥厂,大量含有汞的废水和废渣从这个厂排向水俣湾中,污染海水。这是一件可怕的事,人人都知道汞是有剧毒的,而且像其

他重金属一样，会积累在体内。所以一旦进入动物或人体内就不易排出，造成中枢神经麻痹，久而久之就会导致死亡。水俣湾的海水被含汞的废水污染，虽然最初海水里汞的浓度并不高——还不足以使生物中毒，但经过海洋生物的“食物链”层层累积，最后“抵达”海产(例如鱼)的身上时，汞的浓度已经比海水中的高了很多倍。所以，不但海水中的“居民”在劫难逃——它们全都会不同程度地中汞毒，而且，人和猫吃了含汞量较高的水产，也会染上了水俣病，最终导致死亡。

海水汞污染——原来如此，这使我们不禁想到“赤潮”、“酸雨”……这些发生在世界各地的、由于环境污染引起的想象不到的可怕灾害。我们终于如梦方醒，人们对环境的污染和对大自然的掠夺好似亲手培育着一朵毁灭之花，它将结出我们并不愿看到的一颗苦涩之果——最终我们将自己吞下这颗苦果。

让所有的人都来爱护环境、珍惜自然资源吧！最终获益的将是我们自己。

道士的奇遇

一支烟、一杯酒、一粒糖……能使人致幻入魔，不能自已。这是犯罪分子在其中加入致幻剂、麻醉剂之类物质的缘故。

16世纪西班牙一个叫萨古拉的修道士，漂洋过海来到墨西哥南部。一天夜里，他在一个偏僻的祭祀场所，偶然发现昏睡着许多村民，供桌上放着几个淡紫色牛角状的东西，他便好奇地咬了一口。不久便出现了奇怪的幻影在眼前游动，使人不能支配自己。他把这次偶然的奇遇连同自己的疑问写在日记本上。后经美国海姆博士验证，那牛角状的东西里含有一种使人产生幻觉的真菌——麦角菌。随后，瑞士化学家霍夫曼提取了麦角菌的致幻成分——麦角酸，进一步论证这种物质能使人精神失常，产生幻觉。

自然界中有许多植物中都含有生物碱。生物碱在人的头脑中“以假乱真”，参与影响神经的传递代谢活动，妨碍大脑正常功能的发挥。不同种类的生物碱作用于人体有不同的症状，有的精神失常，有的兴奋不已，有的神志恍惚，有的则昏然沉睡。

随着科技的发展，一些能致幻的植物被研制为医用麻醉药。一些具有失能作用的化学物质被研制为军用失能剂。

在中国，有与致幻剂类似的药物——“蒙汗药”或“迷魂汤”。南宋时期，一些致幻植物就被制成蒙汗药。古典小说中的“鸡鸣三更断魂香”就是一种蒙汗药。《水浒传》中孙二娘开的店，也靠蒙汗药蒙翻有钱的客商。吴用等智取生辰纲，也是在酒中投入蒙汗药，将押送金银等物的杨志一行麻倒而作案的。

当今社会，用致幻药类作案的例子并不鲜见。但只要人们能提高警惕，不听“甜言蜜语”，不贪不占，是不难对罪犯进行防范的。

速效降压露的发明

20世纪80年代，海南大学校长林英的夫人因患高血压引起脑溢血，用药物进行治疗，但疗效不理想。一天，他们从事医学研究的儿子将一种药液带回家中，不小心将瓶打破，药液流出，发出的香气弥漫了整个房间。正巧，林夫人在这个房间内，因此也吸

入了不少香气。

几天以后，奇怪的事出现了。林夫人的高血压突然趋于正常、稳定。这是什么原因呢？全家开始思考。联想到几天前药瓶被打碎，林夫人吸入药液香气一事，林英意识到这是药物的“芳香”在起作用。由此启示，经过多次研究、试验，最终发明了“速效降压露”这种快速治疗高血压的药物。使用这种药物时，将其搽抹在“人中”或鼻翼两边的“迎香”穴上即可。

一个持续了150多年的谜

法国巴黎大学生理学教授布朗·雪各是个脾气执拗的人，他从不喜欢任何人在任何情况下动他的东西。

1850年，雪各正在研究豚鼠。一天，他把一笼实验豚鼠放在书桌上，自己却外出旅行去了。实验室里的人谁也不敢去动他放的笼子，但又不能让这些豚鼠活活饿死，只好每天定时喂食。

半个月后，雪各回来了，这时他才发现笼子忘在书桌上了。他仔细地看了看这些豚鼠，突然发现这些豚鼠互相争斗抢食，弱者的后肢都被咬伤或咬断了。布朗决定淘汰这些弱者，于是习惯地抓起一只鼠的后颈，想把这个弱者扔掉，这时他惊奇地发现，这只鼠痛苦万状、口吐白沫、四肢剧烈抽搐，其症状类似医学上还难以解释其机制的癫痫病。他立即意识到这是一个新的发现。于是干脆把其余豚鼠都折断一只后腿作进一步的实验研究。几天以后，他又用力拧这些豚鼠的颈部，结果也100%地出现了上述癫痫症状。

为什么拧这些豚鼠的颈部会产生癫痫症状呢？布朗研究了

25年,直到去世也没有揭开其中的奥秘。

1932年,又有10多位学者单独或集体研究了同一课题。他们把注意力集中在断肢后,会不会引起豚鼠的神经系统器质性病变来探讨其发病机制上,但也未解开这个谜。

上海第二医学院的邝安堃(1902–1992)教授,1932年在巴黎攻读博士学位时,也进行了这方面的研究,并得知当时所有安眠药、镇痛药都不能抑制断肢豚鼠的癫痫病发作。邝安堃回国后,巴涅滋教授在偶然中发现,断肢鼠搔不到颈部,致使颈部长满虱子,有可能是虱子使鼠长期微痒难熬而诱发癫痫病。邝安堃得知这一消息后,他就用灭虱药杀灭了寄生虱,果然这些豚鼠就不再有癫痫症发作了。

但问题并没有完结。解放后,邝安堃又进行了这方面的长期研究。取得了天麻、钩藤等中药能抑制癫痫病作用的成果。还偶然发现在剪去鼠毛时,断肢鼠会立即出现剧烈的抽搐而在几分钟内猝死的奇怪现象。这真是一波未平一波又起。

癫痫病与动物内分泌有何联系?有无药物治疗?为什么豚鼠会猝死?这些现象和研究在临床上有何意义?至今也是未全解开的谜。

人造血管的诞生

美国有一个戈尔联合公司,它的创始人戈尔原是杜邦公司研究室的研究人员。1941年,普伦基特制成性能优良的“塑料王”PTFE后,由于第二次世界大战,它的应用没有得到开发利用。20世纪50年代以来,戈尔一直在进行“塑料王”的应用研究,所以口

袋中常装有一些PTFE棒、管之类的半成品。

1971年的一天，戈尔和几个朋友在一个山坡上滑雪，朋友中有一位是医生。他们刚准备滑出时，戈尔无意之中从口袋里掏出一小段拉伸了的PTFE管子看了看，这位医生见了，就问："那是什么？"

戈尔说了关于PTFE的优良性能。医生说："了不起！你用它干什么？"戈尔回答："还没有主意呢。"医生说："那么把它送给我吧，我要把它和猪的心血管接起来。"

两星期后，医生兴奋地来找戈尔，说："我把它和猪的心血管接起来了。下一步做什么？"戈尔要医生去找公司的人一起商量，进一步开展把PTFE管子用作人造心血管的试验。如果动物试验成功，又可进一步用于人体试验。

可是，试验并不是想象得那么顺利。1975年，发现一个病人的动脉接了PTFE管子后，管壁上长了个泡泡。这表明人造血管的强度不够，经受不了血的压力，如若让泡泡继续扩大，势必危及病人的生命。公司马上开会讨论如何办，一位职员想出在管子外再包覆一层膜的办法，以增强管子的强度。经过20多次试验，终于成功了。

从此，拉伸PTFE管（又叫Goretex）作为人造心血管材料得到广泛的应用。到1982年，全世界已有37.5万名病人用上了戈尔公司的人造心血管。

生物遗传密码

1835年，美国发明家莫尔斯（1791–1892）发明了电报机之后，又于1838年发明了用点(·)划(—)编成的莫尔斯电码。莫尔斯电码用点(·)划(—)两种符号,如果每一个组合用的符号不超过4个,就可以编出88 572个不同的字母。这种电码的发明在一个世纪以后启发了一位物理学家设想出生物遗传密码。

第二次世界大战结束时,正是生物学从细胞水平向分子水平发展的转折时期。1944年,著名的奥地利物理学家、1933年诺贝尔物理学奖得主薛定谔(1887-1961)在英国出版了一本重要著作《生命是什么——活细胞的物理观》。他在书中设想,受精卵细胞核内染色体上遗传基因分子的排列顺序中,蕴含着有机体未来发育的全部精细的密码稿本。这种遗传密码,很可能像莫尔斯电码那样,只由两种简单的符号组合,即遗传密码不必有大量的分子就可以产生出上万种排列。薛定谔特别强调:生命的真正问题是遗传信息如何被编码的?如何传递的?又是如何在一代到另一代细胞的大量传递中保持稳定的?

正是在薛定谔将信息、密码概念引入生物学研究的时代精神的感召下,德、美、英等国一些有志于揭示生命奥秘的物理学、生物化学、生物学家,形成了分子生物学的信息学派。他们于20世纪50年代至60年代揭示了基因分子DNA遗传密码自我拷贝的机制,以及DNA与信使RNA分子遗传密码的互补序列,弄清了DNA、RNA与蛋白质分子之间遗传信息转录、翻译的过程,破译了构成DNA的4种核苷酸小分子的排列顺序,决定构成蛋白质的20种氨基酸小分子的遗传密码。这种密码是三联体,即3个核苷酸的排列对应于一种氨基酸。科学家成功地全部破译了64种遗传密码。其中作出杰出成就的科学家相继登上了诺贝尔生理学和医学奖的领奖台:华生、克里克、威尔金斯(1962)、雅各布、卢夫、莫诺(1965)、霍利、克霍拉南、尼伦伯格(1968)……分子生物学由此进入黄金时期,遗传工程也迅速兴起。

左螺旋DNA的发现

1953年4月25日，英国《自然》杂志刊登了美国沃森和英国克里克在英国剑桥大学合作研究的成果：二人的报告宣布发现DNA(deoxyribose nucleic acid缩写)即脱氧核糖核酸分子的双螺旋结构模型。而他们的研究成果，则是和英国女科学家弗兰克林一起，根据在英国伦敦国王学院工作的美国威尔金斯的X光衍射资料，进行分析后作出的。所以，在《自然》杂志发表他的报告的同时，还发表了后面二人分别署名的实验报告。这一科研成果，被称为20世纪生物学方面最伟大的发现，是分子生物学诞生的标志，开辟了生物遗传学的新纪元。因此，除弗兰克林早逝外，其余三人荣获1962年诺贝尔生理学和医学奖。

他们发现的DNA结构后来被称为B型，因为人们又先后发现了A、C、D型结构。这四种结构都是右旋的，所以在所有的文献上都无一例外地写着：DNA是右旋双螺旋结构。

DNA一级结构虽被克里克等破译，但许多重大的奥秘仍需人们去探究。比如，一个受精卵细胞如何发育成具有数万亿细胞的生物体？这些细胞各有不同的分工，但却含有相同的基因，那基因是怎样被控制的呢？人们至今不能解决这些问题。为此，各国科学家提出了许多不同的观点，出乎意料的一种观点是：DNA是一种动态分子！这与1953年的简单模型有天壤之别。这种观点认为DNA的细微结构变化可能在控制基因方面发挥关键性的作用。其中最吸引人的是提出了一种异乎寻常的DNA左螺旋结构。

1979年，里奇和他的小组用X光衍射法研究人工合成的DNA小片段结构时，偶然发现了这种DNA分子的碱基对被完全颠倒了:它们的分子竟缠绕成一个左螺旋而不是右螺旋!他们将其命名为Z-DNA。从此人们如梦初醒:“对DNA的研究才刚刚开始。”

1990年,中国科学院用自制的扫描隧道显微镜在世界上首先观察到三辫状的DNA。这进一步说明,人们对DNA的研究还长路漫漫。

循环周期律的发现

我们知道,出现旱灾的周期为22年,即两个长为11年的太阳黑子周期。

这种循环周期在其他方面是否存在呢?或者说循环周期是不是大自然的普遍规律呢?

对此,20世纪美国经济学家爱德华·杜威做了毕生的研究。他在图书馆里花费了巨大的精力,设法找出周围有没有存在的、并经证实的重复变化的自然现象的周期。

一天,他偶然发现了1931年7月生物界举行过自然界循环周期方面研究的会议记录:当时世界上一些最著名的植物学家、动物学家、生理学家都参加了会议。他们对自然界循环周期的论证包括:加拿大大山猫、雪硅白兔、大西洋的鲑和其他生物种类。其研究方法是通过偶然的现象,再得出必然的结论。这种方法和他在经济学上的研究方法是一样的。

他从各个领域收集了500多个有关自然界循环周期的例子,并由此得出结论:自然界的循环周期现象,是宇宙间共有的——循环周期规律是一个普遍的规律。

至今,人们已经发现了许多自然界的循环周期现象。例如新

英格兰心脏发病高峰周期为9.6年，大山猫也是每9.6年出现一次数量高峰。人们发现飞碟的次数及奶酪的消费量出现高峰的周期均为4年。英国降水量、美国造船厂的数量，出现高峰的周期为54年。欧洲气候变化周期为35年。

苏联科学家戈·伊德里斯还通过对理论物理发展的细致分析研究，得出科学创见也有循环周期：惠更斯、牛顿、莱布尼兹、罗蒙诺索夫、哥伦布、法拉第、麦克斯韦等发表论著的日期表明，卓越的科学发现按11年的周期出现，这恰好是太阳黑子的活动周期。大自然的活动周期影响人类，但怎么把太阳的活动与人类的创见相联系呢？似乎太阳活动的增强，使地球的磁场也增强，从而对人体神经系统产生影响。生物磁学家甚至认为，人的神经不是"刺激性神经"，而是"磁性神经"。

不但是科学创见，而且连艺术才能呈现也似乎有一定的规律性。伦勃朗经历了每6年一周期的阶段：从1631年起，每过6年，画风便发生一次深刻变化。

在人体内部，人们也发现诸如智力、情绪、体力等也呈现周期性变化的规律。而许多动物的习性，也和人一样，有一定的规律性。因此，人们认为这是受"生物钟"控制表现出的必然规律——生物节律。人体智力节律周期为33天，是奥地利教师特里舍尔发现的。而人体情绪节律和人体体力节律的周期分别是28天和23天，他们分别是由柏林名医费里斯和维也纳医生斯沃博特发现的。3个周期的一半称临界日，即智力、情绪、体力周期的临界日分别为16.5天、14天和11.5天。周期从出生之日算起。临界日是人的危险期，双临界日（两种临界日重叠）危险更大，三临界日（三种临界日重叠）则危险最大。所以，人应避免在临界日（特别是双、三临界日）办重要的事情，以免发生不测。

那么，生物节律是不是受地球运动周期性的影响呢？回答是:也受,也不完全受。说受,是因为生物的一些节律(例如人白天工作、晚上睡眠,猫头鹰昼伏夜出)的形成,的确与地球运动的昼夜变化有关,也可以说是适应昼夜节律的结果。说不受,则是因为昼夜程序即使发生了变化,生物节律也不会起相应变化,而仍将按原规律运转。例如,人们将一些昼行性动物放在连续光照且恒温的环境中几个星期,发现它们睡眠和活动的时间仍具有接近24小时的节律。这说明生物体内似乎的确存在不依赖于参考坐标的时钟——"生物钟"。

现在研究结果表明,生物钟不大受化学抑制剂、麻醉药和代谢毒品的影响,但在温度急剧变化时会"停摆"。例如,招潮蟹具有根据潮汐时间自动改变体色的本能,如将它放在接近冰点的冷水中6小时再移到温水中,则它的变色时间也将推迟6小时。可见,冷冻使它的生物钟"停摆"6小时。

那么,"生物钟"的位置在何处呢?现已查明,人体"生物钟"位于视交叉上核:左右眼伸出的视神经细胞,在脑底部相互交叉,交叉点上方有一组神经元细胞集团,这就是"生物钟"所在位置。有人试验,用电极破坏大脑的对应细胞,大脑的许多节律都会消失,例如睡眠、觉醒和代谢规律将因此紊乱。不过只这一群细胞还不可能控制生物的所有节律,因此有人认为动物体内生物钟可能不只一处。例如,1998年的一期《科学》杂志刊登美国康乃尔大学康贝尔和莫裴的报告指出,人体生物钟位于膝盖后方部位。但其余的在何方,至今仍不得而知。

总之,一些人认为循环周期是宇宙间事物共有的规律。但也有人认为一些周期仅仅是一些巧合。但不管如何,对循环周期的研究本身正是一次探索宇宙奥秘的过程。杜威希望"再出现一个哥白尼、一个开普勒",以揭开自然界循环周期的奥秘。

二元化学武器的发明

气步甲虫生长在南美洲哥伦比亚森林里，长约1厘米。当它遇到敌害被迫自卫时，能够喷射出一股股液体“炮弹”。喷出时不仅有恶臭味，而且伴有轻轻的射击声音，以迷惑、刺激和惊吓敌害。如果这种液体溅落到人的皮肤上，会产生明显的灼热感。科学家对甲虫进行解剖分析后，发现小甲虫身体里有3个小室，一个室里储有对苯二酚（氢醌，俗称几奴尼）溶液，另一个室里储有过氧化氢（H_2O_2）。这两个室里的液体如果单独喷射出来是不起作用的。但是，当两室的液体进入第三室后，它们与那里的催化剂有机酶混合发生化学反应，瞬间就会变成温度高达100摄氏度的毒液，并迅速射喷出来。

美国研制出的世界上最先进的二元化学武器，就是受气步甲虫的启发而获得成功的。

普通的化学毒剂装在炮弹内不仅腐蚀弹体，且自身也会变质，因而平时大量储存这种毒剂弹是相当危险的。为了解决这一难题，各国科学家争先恐后地进行了大量的研究与试验，但均无满意的结果。美国军事化学家偶然了解到气步甲虫喷液机制，大受启发。他们很快成功地解决了当时这一世界性的科研难题，制造出最先进的二元化学武器。

二元化学武器将两种或多种能产生毒剂的化学物质（毒剂中间体）分别装在隔开的容器里，炮弹发射后，容器隔膜破裂，使两种毒剂中间体在弹体飞行的8～10秒钟内迅速混合而起化学反应，在触到目标的瞬间生成致命的毒剂以杀伤敌人。由于毒剂中间体安全无毒，且不会变质失效，所以不必为生产它建立专门的化工厂，只需在普通民用化工厂生产，便可满足战时需要。由于储存和运输都很安全，所以能够快速、稳妥地供应前线。

无独有偶。在第二次世界大战期间，德国制造了一种新型发动机，这种发动机装在德国的飞航式导弹上。这种导弹在轰炸英国首都伦敦时起到了很大的作用。这种新型发动机也是德国科学家认真研究了气步甲虫的喷射过程和制放机制后制造出来的。

除此之外，在20世纪60年代，苏联也对这项技术进行过研究，这项技术广泛应用在各式飞机上。

勾股定理

我国是世界上最早发现勾股定理的国家，但是我们的祖先率先发现这一几何宝藏并非一蹴而就，而是经历了漫长的岁月，通过长期测量发现的，其间走过了一个由特殊到一般的艰辛过程。

我国的几何起源很早。据考古发现，十万年前的河套人就已在骨器上刻有菱形的花纹；六七千年前的陶器上已有平行线、折线、三角形、长方形、菱形、圆等几何图形。随着生活和生产的需要，越来越多的几何问题摆在我们祖先面前。

四千年前，黄河流域经常洪水泛滥。大禹（公元前21世纪）率众治水，开山修渠，导水东流。在治水过程中，他“左准绳，右规矩”。（这里“规”就是圆规，“矩”就是曲尺，由长短两尺在端部相交成直角合成，短尺叫勾，长尺叫股），运用勾股测量术进行测量。在《周髀算经》中，表明大禹已经知道用长为3∶4∶5的边构成直角三角形。

到了商高（公元前1120年）所处时代，我国的测量技术及几何

水平达到了一定高度。《周髀算经》中，记载着周公与商高的一段对话。商高说："故折矩以为勾广三，股修四，径隅五。"这里的"勾广"就是勾长，"股修"就是股长，"径隅"就是弦长。就是说，把一根直尺折成矩（直角），如果勾长为3，股长为4，那么尺的两端间的距离，即弦长必定是5。这表明，早在三千年前，我们的祖先就已经知道"勾三股四弦五"这一勾股定理的特例了。

在稍后一点的《九章算术》一书中，勾股定理得到了更加规范的一般性表达。书中的《勾股章》说："把勾和股分别自乘，然后把它们的积加起来，再进行开方，便可以得到弦。"

从制作工具、测量土地山河到研究天文；从《周髀算经》到《九章算术》，我们的祖先逐渐积累经验，从而发现了勾股定理。为纪念祖先的伟大成就，我国将这个定理命名为勾股定理。

当代中国数学家吴文俊说："在中国的传统数学中，数量关系与空间形式往往是形影不离地并肩发展着的……17世纪笛卡儿解析几何的发明，正是中国这种传统思想与方法在几百年停顿后的重现与继续。"

零的发现

零是位值制记数法的产物。很久以前，当人们采用这种记数法遇到空位的时候，就会采用不同的方式来表示它的存在。世界上较早采用位值制记数法的有巴比伦、玛雅、印度和中国等，这些地区和民族都对零的产生和发展作出过自己的贡献。

世界上最早采用十进制记数法的是中国人。"零"这个符号之所以产生的原因，最初其实也并不是为了表示"无"，而是为了弥补十进制记数法中的缺位。从公元七世纪起，中国开始采取用“空”字来作为零的符号。但是，中国古代的零是圆圈0，并不是现代常用的扁圆0。现在普遍使用的包括“0”在内的印度——阿拉伯数码是在13世纪的时候由伊斯兰教徒从西方传入中国的，而那时中国的0已经使用一百年了。

希腊的托勒密是最早采用这种扁圆0号的人，由于古希腊数字是没有位值制的，因此零并不是十分迫切的需要，然而当时用于角度上的60进位制时，则很明确地以扁圆0号表示空位。可是，托勒密的0并没有作为数参加运算，也没有单独使用的情况。

最先把零作为一个数参加运算的是印度人。他们在很早的时候就采用了十进位值计数法。空位最开始是用空格表示的，后来为了避免看不清带来的麻烦，就在空格上加一小点，如用5·8表示508。公元876年，在印度的瓜廖尔地方发现了一块石碑，上面的数字和现代的数字很相似，这可能是由小点发展为小圈0表示零的最早根据。

印度人承认零是一个数并用它参加运算可以说是对零的发现的更为重要的贡献。

后来，历经了漫长的岁月，印度数字传入了阿拉伯，并发展成为现今我们所用的印度——阿拉伯数字。但直到1202年，意大利数学家斐波那契把这种数字（包括0）传入欧洲，现代的零的概念和印度——阿拉伯数字中的零号才逐渐流行于全世界。

黄金分割

古希腊的毕达哥拉斯和他的学派在数学上有很多创造，著名的黄金分割就是他在公元前6世纪发现的。

一天，毕达哥拉斯从一家铁匠铺路过，被铺子中那有节奏的叮叮当当的打铁声所吸引，便站在那里仔细聆听，似乎这声音中隐匿着什么秘密。他走进作坊，拿出尺子量了一下铁锤和铁砧的尺寸，发现它们之间存在着一种十分和谐的关系。

回到家里，毕达哥拉斯拿出一根线，想将它分为两段。怎样分才最好呢？经过反复比较，他最后确定按照1∶0.618的比例截断最优美。

后来，德国的美学家泽辛把这一比例称为黄金分割律。这个规律的意思是，整体与较大部分之比等于较大部分与较小部分之比。无论什么物体、图形，只要它各部分的关系都与这种分割法相符，这类物体、图形就能给人最悦目、最美的印象。

中世纪后，黄金分割被披上神秘的外衣，意大利数学家帕乔利称其为神圣比例，并专门为此著书立说。德国天文学家开普勒称黄金分割为神圣分割。直到19世纪黄金分割这一名称才逐渐通行。

圆周率

在实践中，人们发现用古代流传下来的圆周率为3的标准去计算圆的周长和面积，其值总会比实际小，所以不断有人尝试去修正和精确圆周率的具体数值。

古人求π的方法，就是对单位圆作内接（或外切）正多边形，再求算正多边形的面积。显然，当边数越多时，正多边形就越接近于圆，所求得π的近似值就越精确。不过，计算量越来越大，也越来越困难，每次只是增加小数点后精确的位数而已。π究竟等于多少？没有人知道！

公元前250年，阿基米德在求圆弧长度时，提出圆内接多边形和相似圆外切多边形，当边数足够大时，两多边形的周长便一个由上，一个由下地趋近于圆周长。他先用六边形，以后逐次加倍边数，到了九十六边形时，求出了π的估计值介于3.141 63和3.142 86之间。这是世界上第一次提出圆周率的科学计算方法。到公元前5世纪，希腊已将圆周率精确到3.141 6，这在世界上是领先的。

在求π值的精确度上，中国人曾一度领先世界，创造辉煌。我国最早对π进行修正是在公元1～5年，汉代王莽时期的刘歆得到的圆周率是3.15466，这个圆周率虽然不够精确，但这确是突破古人限制的一个勇敢尝试。

公元263年，魏晋时期的数学家刘徽在《九章算术注》中，首创用“割圆术”去求圆周率。即通过不断倍增圆内接正多边形的边数来求圆的周长。他从计算正六边形开始，一直算到正一百九十二边形，计算出的圆周率在3.141024至3.142704之间。这个精确度虽然只是3.14，但由刘徽开创的“割圆术”以及在此过程中创立的“无限逼近”的思维方法，都让他受到世人的赞誉。

我国南北朝时期的著名数学家祖冲之也对圆周率进行了深入的研究，他将圆周率精确到了小数点后七位，推出3.141 592 6<π<3.141 5927。这个由祖冲之创造的世界级的精确度在当时是非常了不起的一个成就，它保持了一千年之久，直到15世纪才由中亚的阿尔·卡希打破，他得到了精确到小数点后16位的π值。

惯性定律

历史上三位科学家都对惯性定律的发现作出了不可磨灭的贡献。第一位是古希腊最伟大的思想家、哲学家和科学家亚里士多德。他主张从经验出发研究事物，十分重视通过观察总结事物的规律。对于物体运动规律，他从马拉车车就运动，马停止拉车车就不再动的现象出发，总结出物体运动必须有一个力来维持的理论。他的理论在16世纪之前一直占统治地位，直到16世纪末期，意大利物理学家伽利略对此学说发起了挑战。

伽利略的高明之处在于把观察、实验、理性思维和数学结合在一起探讨物理问题，寻找物理学运动规律。为了寻找物体运动的规律，伽利略设计了一个斜面实验。

伽利略将两个光滑斜面相连，然后让球从一个斜面上以一定的高度滚下。他发现，无论如何改变另一斜面的坡度，小球都会不管实际路程的长短，而沿着斜面上升到与下落等高的地方。在此基础上，天才的伽利略对此作出了天才的设想：若第二个斜面是无限延伸而绝无摩擦的水平面，则小球将会永远向前运动。他进一步推理得出结论：物体运动并不需要力来维持。最终，他把这个发现概括为“只要除去使物体加速和减速的外部原因，运动物体必将严格地保持它一旦获得的速度”。

尽管历史上已有许多人对惯性运动作了种种描述或设想，但像伽利略这样经过严格的推理而得出明确的结论还是第一次。伽利略这一发现在惯性定律的建立上取得了突破性的进展，但是，伽利略所指的水平面实际上是以地球为中心的球面，而不是空间的一条直线。这个认识还是不完全的，最终的惯性定律是由牛顿完成和精确的。

1687年，英国伟大的数学家和物理学家伊萨克·牛顿在总结前人工作的基础上，写了名为《自然哲学的数学原理》的光辉著作，建立了经典力学体系。作为经典力学的坚实基础，惯性定律在100年后被继承和完善了，他提出了著名的三大运动定律，促进了近代科学研究的发展。

牛顿三大定律中的第一定律就是惯性定律。牛顿指出物体的质量越大，惯性也越大，质量是物体惯性大小的量度。定律内容表述为：一切物体总保持匀速直线运动状态或静止状态，直到有外力迫使它改变这种状态为止。

万有引力

在科学史上，牛顿对万有引力定律的发现可以说功绩卓越。其他科学家如胡克、哈雷也在这方面作出了非常重要的贡献，但与牛顿相比，他们的观点和研究方法总是存在某些缺陷，最终与跨时代的科学发现失之交臂。

牛顿于1687年发表了《自然哲学的数学原理》。他所发现的万有引力定律，也在这部著作中得到了系统而深刻的论证为物理理论中已经确立的定律、新假说、实验观测等，提供了一个极好的范例。

关于万有引力的发现还有一个有趣的传说：一次，牛顿正在花园里小坐。这时，一个苹果从树上掉了下来……虽然这件曾发生过无数次的事再平常不过，但却引起了这位巨人的沉思：究竟什么原因使一切物体都受到差不多总是朝向地心的吸引呢？牛

顿思索着，终于，他发现了对人类具有划时代意义的万有引力。

在《自然哲学的数学原理》中，牛顿提出了一个思想实验，设想有一个小星球很靠近地球，以至几乎触及到地球上最高的山顶，那么使它保持轨道运动的向心力当然就等于它在山顶处所受的重力。这时如果小星球突然失去了运动，它就如同山顶处的物体一样以相同的速度下落。如果它所受的向心力并不是重力，那么它就将在这两种力的作用下以更大的速度下落，这是同我们的经验不符合的。可见重物的重力和星球的向心力必然是出于同一个原因。

紧接着，牛顿根据惠更斯的向心力公式和开普勒的三个定律推导了平方反比关系。牛顿还反过来证明了若物体所受的力指向一点而且遵从平方反比关系，则物体轨道呈贺锥曲线——椭圆、抛物线或双曲线。在原理中，牛顿用磁力作用相类比，得出这些指向物体的力应与这些物体的性质和量有关，从而把质量引进了万有引力定律。

牛顿把他在月球方面得到的结果推广到行星的运动上去，并进一步得出所有物体之间万有引力都在起作用的结论。这个引力同相互吸引的物体质量成正比，同它们之间的距离的平方成正比。牛顿根据这个定律建立了天体力学的严密的数学理论，从而把天体的运动纳入到根据地面上的实验得出的力学原理之中，这是人类认识史上的一个重大的飞跃。

电流磁效应

电流，特别是电池的发现，不仅激发了人们研究电现象与化

学现象、磁现象之间联系的兴趣,也为发现这种联系提供了可能性。

1802年,意大利的法律学家兼哲学家罗曼尼斯曾做过伏打电堆联结成的电路对磁针的影响的实验,并且看到了磁针的微小转动,但是他误认为这是电堆的两极对磁针的作用,没有想到是电流的作用。因为当时流传的看法是:电堆的两极与磁石的两极有类似性质。从主观方面来看,寻找电与磁的内在联系正是奥斯特从事科学研究的长远目标。

1812年,奥斯特作了这方面的探索。他从导线通电后发热的现象出发,进一步推测如果逐渐缩小导线的直径,将会出现光和磁的效果。结果,他只看到了光的效果而未获得磁的效果,失败说明此路是不通的。

1819年冬,奥斯特在哥本哈根为一些科学工作者讲授电磁学方面的问题,当时他也正在研究电流对磁针是否有作用的课题,但一直没有什么成效。

1820年4月的一天,丹麦物理学家奥斯特要作一次电学方面的演讲,听众是一些物理爱好者和精通物理知识的学者。演讲之前,奥斯特一直在思考电和磁之间的联系,他打算试一下电流对磁针的作用。但是,在实验准备就绪之后,却发生了一件意外事故,使得他在演讲之前未能进行实验。

带着准备就绪的实验设备,奥斯特走进了演讲大厅。他边讲边做演示实验,深入浅出地给听众讲解电磁学知识。这次演讲精彩极了,一次接一次地赢得大家热烈的掌声。演讲临近尾声,奥斯特顺手将一枚小磁针放在了一根导线的下方,磁针的指向正好与导线的方向平行。当给导线通电的时候,他看到磁针发生了转动。

磁针转动的角度很小,根本没有引起听众的注意。可是奥斯

特对这个现象却十分重视，他敏锐地意识到，这也许是他一直探索的电和磁的联系。

初次的发现使奥斯特非常激动。演讲一结束，他立刻回到实验室研究这个现象。

在此后的3个月时间里，奥斯特做了60多个这方面的实验，用无可辩驳的事实证明了电和磁之间存在的联系：电流可以产生磁场。

奥斯特的发现具有重大的科学价值和历史意义，他不仅揭示出电与磁之间的内在联系，还发现一种新的自然力——旋转力。同时，为电的应用开辟了一个新的领域。

欧姆定律

从18世纪末到19世纪初，在科学领域最领先的是法国。而德国的物理学家们片面强调定性的实验，忽视理论概括的作用，他们对于法国人数学物理方法甚为不满。

当然，德国也在发生变化。1806年，拿破仑大军挫败了普俄联军，给了德国巨大打击。一些改革者提出以法国科学为榜样，彻底改变德国科学体制。这使德国教育有了较快发展，大学引进法国科学经典著作作为教本，开办讨论班和研究生班，进入了以往认为的科学禁区。欧姆正是在这种环境中开始电路实验的理论研究，发现欧姆定律的。

1822年，法国数学家傅里叶将导热规律总结为“傅里叶定律”。其内容是：通过等温面的导热速率与温度梯度及传热面积成正比。

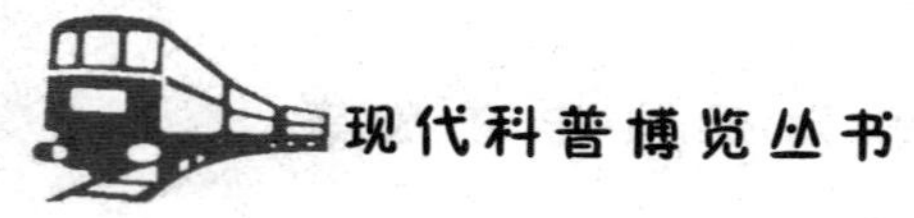

1826年，欧姆从傅里叶定律受到启发，认为电流现象与热传导类似。导热杆中两点之间的温度差相当于导线中两端之间的驱电力；导热杆中的热流相当于导线中的电流。欧姆猜想，如果导热杆中两点之间的热流强度正比于这两点的温度差，导线中两点之间电流也许应正比于这两点之间的某种驱电力。他把这种驱电力称为电动力，即今天的电势差。

开始，欧姆使用伏打电堆作电源，但它容易极化，电动势很不稳定，给实验研究工作带来很大困难。1821年，塞贝克发明温差电池。欧姆接受波根道夫的建议采用了温差电池。但他还面临着电流强度的测量问题。开始，欧姆曾设想用电流的热效应，通过热胀冷缩的方法测量电流强度，但很难获得精确的测量结果。后来，他把奥斯特关于电流磁效应的发现和库仑扭秤结合起来，设计了电流扭秤：用一根扭丝悬挂一磁针，让通电导线和磁针都沿子午线方向平行放置；再用铋和铜温差电池，一端浸在沸水中，另一端浸在碎冰中，并用两个水银槽作电极，与铜线相连。当导线中通过电流时，他发现磁针的偏转角与导线中的电流成正比。他将实验结果于1826年发表。

1827年，欧姆在原来的基础上又进行了数学处理和理论加工，在定义电流强度和电势差等概念的基础上，欧姆得到一个更加完善的公式：$S=r\cdot E$，其中S表示导线的电流强度，r为电导率，E为导线两端的电势差：该公式发表在《用数学推导伽伐尼电路》一文中。欧姆的这部著作，是19世纪德国的第一部数学物理论著。

安培定律

1820年9月11日，法国科学院召开会议，主题是由物理学家

阿拉果报告奥斯特关于电流能够产生磁场的新发现。演示实验让大家目睹了电流作用磁针的现象。法国科学家们受到极大震动，他们的一向认为电和磁没有联系的观念在事实面前被击得粉碎。

安培是一位易于接受科学事实的科学家，他在讨论过程中提出既然电流能够像磁石一样吸引小磁针，那么由此可以推断，导线中的电流也能够相互作用。这一见解引起了参与会议的毕奥和阿拉果的极大兴趣。会议结束后，他们一起找到安培，约好在科学院大门口见面。

安培刚到科学院门口不久，脑海中浮现出两条平行导线中电流的作用问题。正想得入神，微微抬头，突然发现前边有一块黑板，于是从口袋掏出一支粉笔在黑板上计算起来。这一切被等在科学院门口的毕奥和阿拉果看在眼里。他们远远看见，安培正在用一支粉笔在一辆马车的后车身上写着，马车在不停地走着，安培跟在后面不停地写着。当他们跑到跟前时，已看见车身上写得密密麻麻，此时，马车走得越来越快，安培就跟着跑了起来。后来，马车一转弯就不见了，这时安培才发现，原来那是一辆马车的后车身。安培懊丧地站在路中央，眼看着马车带着他那块“黑板”渐渐地消失了。

科学院会议结束之后，奥斯特的新发现不停地在安培的脑海里盘旋，他已经完全被这个新发现迷住了。于是，他一头扎进实验室没日没夜地忙活起来了。在实验室，安培用不同的电源和导线反复进行实验。有时候，他把导线折成方框后通上电流，有时又把导线对折再通电流，有时候，他还把导线做成螺旋形或圆形通以电流。

在大量实验事实的基础上，安培通过精心研究，在不到一个月的时间里，就向科学院提交了三篇有关的研究论文，报告了他

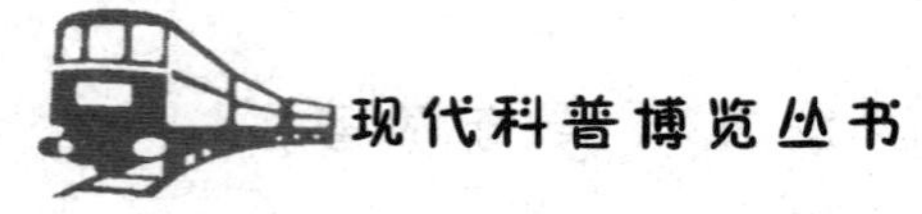

一生中最伟大的发现：不仅电流对磁针有作用，而且两个电流之间也有相互作用。在两根平行的通电导体中，如果电流的方向相同，它们就互相吸引；如果电流的方向相反，它们就互相排斥。

沿着这个研究道路，安培继续探索，在后来的研究中又取得了大量成果。1822年，他发现了电流之间相互作用的规律——安培定律。同时，确定了判断电流磁场方向的安培定则和判断磁场对电流作用力方向的左手定则。

普朗克与量子化

普朗克是德国著名的物理学家。少年的普朗克酷爱科学和艺术。中学毕业后，对于今后该如何选择生活道路反复思考，选择科学作为今后自己一生的奋斗事业。

一次，普朗克向老师物理学家约利请教物理学习的问题，告诉他自己的见解。不料，约利对他说："其实，科学已经达到了它的顶峰，研究它已经没有多大意义了。大厦已经建造好，如果其中还有什么不足的话，那是可以用一些枯燥无味的修饰工作来消除的。"这对于想投身于科学钻研中的普朗克来说，无疑是种打击。但是他并没有后退，而是坚定不移地走自己的道路。

约利的话并非没有道理。他说的正是当时许多自然科学家的观念。

19世纪初，杰出的研究者们力图证明"自然力是统一的整体"，到19世纪末，基本上达到了这一目标。各学科都已发展并牢牢地相互联系在一起。物理方面的能量守恒定律和化学方面的质量守恒定律，明确和普遍适用地表达了这些联系。

牛顿提出了最重要的力学定律。力学定律仿佛决定了一切自然现象的进程。牛顿力学被视为“完美无缺的理论、科学真理的顶峰”。物理学界的许多人都沉醉在完美而和谐的气氛之中，怡然自得。但是，当时，在经典物理学上空仍有两朵乌云，一朵是前面提到的光速不变和以太被否定；另一朵就是在研究黑体辐射过程中产生的“紫外灾难”。

1895年前后，普朗克开始研究黑体辐射问题。他企图把维恩公式和瑞利—金斯公式统一起来，驱散“紫外灾难”。1900年，普朗克根据当时的黑体辐射的精确实验资料，找到了能够圆满表示黑体辐射的新数学公式。

普朗克抛弃了能量是连续的传统概念，提出了能量是不连续的新概念。他的量子假设与经典物理学关于能量变化是连续的观点，完全背道而驰。普朗克竖起了对经典物理学进行革命的大旗，量子力学使世界跨入了一个新的时代，它揭示了微观世界的特殊的运动规律，推动了物理学的发展不断向前。

斯坦独领风骚

“江山代有人才出，各领风骚数百年。”20世纪初，正当多数科学家为“两朵乌云”困扰之际，1905年一颗灿烂的明星从瑞士伯尔尼的上空升起，震惊了整个科学界。

爱因斯坦幼年时代就经常被优美动听的旋律所吸引，他不是神童，但是很喜欢思考。他少年时代读了不少自然科学方面的书，自学了《大众物理科学从书》、《力与物质》和欧几里得的一些书籍等，掌握了整个自然科学领域里的主要成果和方法。

科普读物不但增进了爱因斯坦的知识,而且拨动了年轻人好奇的心弦,引起他对问题的深思。十六岁那年,他自学了微积分,并且想:如果以光速追随一条光线运动,会发生什么情况呢?这条光线就会像一个在空间振荡着而停滞不前的电磁场。真是奇想连篇!这表明,爱因斯坦已经开始探索相对论问题了。一个年轻人这样异想天开,用传统的眼光来看完全是难以容忍的。然而,善于幻想正是爱因斯坦一个极可贵的品质。没有幻想,就没有相对论,也就没有爱因斯坦的伟大了。

爱因斯坦是进行思维实验的大师。即使是在备受失业煎熬、贫病交加的岁月,也没有放弃对科学的探索。他创立了狭义相对论和广义相对论。提起狭义相对论,许多的科学幻想作品用它做过题材,描写一个人坐光子火箭遨游太空回来以后,发现自己还很年轻,而孙子已经变成老头。这是狭义相对论钟慢尺缩现象,它是指物体高速运动的时候,运动物体上的时钟变慢了,尺子变短了,也就是时间和空间随物质运动而变化的结果。狭义相对论最重要的结论是质量守恒原理失去了独立性,它和能量守恒原理融合在一起了,质量和能量可以互相转换。几十年来的历史发展证明,狭义相对论大大推动了科学前进,成为现代物理学的基本理论之一。

在狭义相对论发表以后,爱因斯坦又经过十年的努力,在数学家们的协助下,运用欧几里得几何学,完成了广义相对论。在广义相对论中,时间和空间跟引力场有关,而引力场又是由物质产生的。爱因斯坦从广义相对论出发,作了一些伟大的科学预言,如光谱线的引力红移和引力场中光的弯曲。

爱因斯坦还根据广义相对论,提出了关于宇宙的有限无边模型,推动了宇宙学的发展。

爱因斯坦的相对论刚问世的时候,有人曾说全世界只有十二

个人理解他的理论。他独一无二地作出了许多伟大的科学预言。他不是考虑某个具体问题,不是企图占据科学空间中的一个点,而是综观全局,试图找出科学空间中各点的相互联系。他创立相对论,关键过程的完成是靠直觉的,是一种经过长期酝酿、反复思考以后的豁然省悟。承认科学创造中的直觉作用,承认爱因斯坦非凡的思维洞察力,从这个意义上讲,他是个天才的科学家,他的攀登之路并不是随便什么人都能够开创出来的。

爱因斯坦的科学思想活跃,有时竟全神贯注到食而不知其味的地步。他在伯尔尼专利局时,常和几个年轻人共进晚餐,一边吃简单的食品,一边阅读讨论科学大师们的著作。由于常到一间叫“奥林比亚”的小咖啡馆,便把他们的聚会戏称为“奥林比亚科学学院”。有一次,爱因斯坦一面吃鱼子,一面兴致勃勃地在评论牛顿的惯性定律。待他停下来,有人问:“你刚才吃的是什么?”他茫然回答:“不知道。”“那是鱼子呀!”爱因斯坦已进入了一种超然的境界。

“奥林比亚科学院”使年轻人之间的脑力激荡,好比化学反应中的催化剂,常常激起一些创造性的思想火花。如今,脑力激荡已成为创造性思维的重要方法,由此可见爱因斯坦所开拓的路正吸引着越来越多的有志青年。

爱因斯坦创立了相对论,从科学界一个无名小人物成为牛顿之后无与伦比的物理巨人。

电子的捕捉

是什么东西驱动了马达,是什么东西在电解槽里离析了金

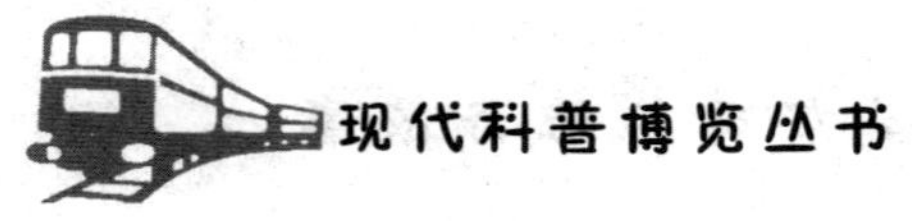

属，是什么东西以难于想象的速度使信号通过导线？电到底是什么？它是怎样产生和消失的？在物质带电过程中，元素组成没有发生变化，用原子论无法解释各种电现象。在很长一段长时期里，原子被认为是不可分割的最小单位，这个观点阻碍了从物质角度考虑电的本质。麦克斯韦电磁理论没有说明电的本质是什么，它只是借助于想象中的"以太"来说明电磁波在空间中的传播。在19世纪末以前，电仍旧带有相当大的神秘性。

直到人们从事过去一直受到忽视的一个领域研究时，才推动了一系列精辟的试验和考虑解决"电这个谜"，这一领域就是电在空气和气体中的通路。

一个空气被抽空而接上高压的盖斯勒管内的阴极射出一种当时未被人所知的光线，人们称之为阴极射线。有些研究者把它看成类似光的波辐射，还有一些研究者认为它是极小粒子密集而持久的散落。阴极射线到底是什么？它有没有确定的质量？

1891年，斯通尼在研究电解现象中创立了电子一词，用它来表示基本电荷。他从电解1克氢所需要的电量和1克氢中的原子数出发，粗略推算出氢离子的带电量，也就是基本电荷的数值。那么，电子所表示的基本电荷和阴极射线有什么内在的联系呢？

英国物理学家汤姆生研究了这个问题。他详细研究了阴极射线在磁场和电场中的运动，证实阴极射线确实是具有质量的带电粒子束。阴极射线粒子的比电荷，即粒子电荷和粒子质量之比，比最轻的带电荷的原子、比氢离子约大2 000倍。这意味着一个阴极射线粒子带有比氢离子大2 000倍的电荷或比氢离子轻2 000倍。1897年，汤姆生在皇家学会的演讲中，详细论证了阴极射线就是由具有质量的带电粒子组成的，这种粒子的电荷等于基本电荷，这种粒子就是电子。

科学从理论上完全肯定了电子的存在，但怎样才能驾驭电子

呢？举世闻名的卡文迪许实验室伦敦的弗来明决定研究捕捉电子的方法。1895年，他受聘为马可尼无线电公司顾问，在改进检波器的过程中，需要把双向交流电“整理”为单向直流电。他设想，如使原碳丝细微，只能释放电子而不能捕捉，原铜线宽阔，只能捕捉电子而不能释放，则电流从原碳丝流向原铜丝可畅通，从原铜丝流向原碳丝受阻滞，自可收“鞶流”之效。根据他的设计，制造出一种新的元件，这就是世界上第一只名副其实的二极真空电子管。

电子的发现揭露了电的物质本质。它既是向原子领域开拓的基础，又开辟了人类征服自然的新纪元——电子时代。

放射性认识的飞跃

我们对于放射性的认识是在原子弹升空以后，而前人是如何发现物质的放射性的呢？

法国的物理学家贝克勒尔首先发现了铀盐的放射性，开启了利用原子能的门扉。然而，令人难以置信的是，这一历史性的伟大发现竟是从错误观念出发得到的。

1896年，由于伦琴发现了X射线，掀起了一股研究X射线热潮。法国的许多物理学家受法国学界的泰斗彭加勒影响，认为既然X射线发生在荧光现象特别强烈的地方，那么，一切强烈的荧光物质都可能发射X射线。科学家们纷纷用荧光物质包着照相底片，放到阳光下曝光，然后得到能穿透照相底片的“X射线”，拿到科学院去报告。

贝克勒尔也加入了这场竞赛当中。他用强光照射好几种荧光物质，居然也产生了不可见的“X射线”。贝克勒尔想得到极其清晰的“X射线照片”，就用研究过的一种强荧光的物质铀盐，把它放在黑纸严严实实包着的照相底片上，认为经过阳光晒后，就能得到清晰的照片。可是，当他兴冲冲地准备实验时，遇到了连绵阴雨天。他只好懊恼地把铀盐连同照相底片一起放到箱子里。一周后，当他把箱子里的底片拿出来显影时，他简直不敢相信自己的眼睛：底片未经曝光，怎么会形成如此黑白分明的照片呢？经过反复多次的试验，只要照相底片放在铀盐近处，不管多么黑暗的地方，底片都会感光。贝克勒尔经过细致的研究发现：铀及其化合物会自动放出一种不同于X射线的新射线。这就是天然放射性。

贝克勒尔的发现提出了一系列新的问题：这种辐射是由什么东西组成的？“不可分割的”原子怎么能辐射，以及原子辐射能量从何而来？

出生于波兰的玛丽·居里和她的丈夫法国物理学家皮埃尔·居里决定继续进行和深入探讨贝克勒尔的发现。

他们在巴黎理化学校一间简陋的棚屋里，用落后的手工作坊的手段，从事最尖端的放射性研究。经过两年的努力，他们发现：沥青铀矿和铜铀云母这两种铀矿石的放射性比铀本身强得多。居里夫人确信这些矿石中可能还包含一种放射性更强的元素，他们合成了含铀量与天然的完全相等的铜铀云母，但放射性比天然的弱18%。这表明，确实有尚未发现的强放射性元素存在。

居里夫妇极力寻找这种元素。铀矿石里的新元素极其稀少，他们需要上吨的沥青铀矿。在破旧棚屋里，居里夫妇不顾呛鼻的浓烟，不顾劳累，用极其简陋的工具来分离新元素。经过几个月的工作和探索，他们成功地从沥青铀矿中提炼了一种铋的伴生物质。这种物质比铀射线强四百倍，并且具有十分典型的化学性。

为了纪念居里夫人的祖国，他们命名这种物质为钋，因为钋的法文意思是波兰。

后来又经过几个月的不懈努力，他们发现一种比铀射线强900倍的物质，这是从半吨氧化铀矿石残渣中，富集提纯的2千克氯化钡，进行分步结晶，得到的镭。

要确定镭的存在，关键要提炼出可称量的数量来，要了解到它的性能和求出它特有的数据。居里夫妇用几个大铁槽把买来的一车皮被当作废料的沥青铀矿煮开了，然后用酸加以处理、蒸发，接连好几个小时地用沉重的铁棍去搅拌。他们付出了艰苦卓绝的劳动。

长期试验后，经过进一步分离，放射性增强了10万倍。1902年，居里夫妇从一吨铀矿石中提取到0.1克纯镭，并测定了镭的相对原子质量为225。居里夫人研究了镭的性质：镭除具有放射元素已知的各种性质外，还有一种特殊的性质——强镭射线能引起生理作用。镭能烧灼皮肤，摧毁细胞，特别能侵蚀带病的细胞，可用它来治疗癌症。

居里夫妇为科学不怕千难万险，锲而不舍的奋斗精神鼓舞着一代又一代的青少年，今天的我们更应该为祖国的科技腾飞而贡献自己的力量。

日本的精英

我们生活的年代，精英辈出，不仅有欧美的明星，也有东方骄子。

1933年4月，正是日本樱花盛开的季节，在仙台的一幢显眼

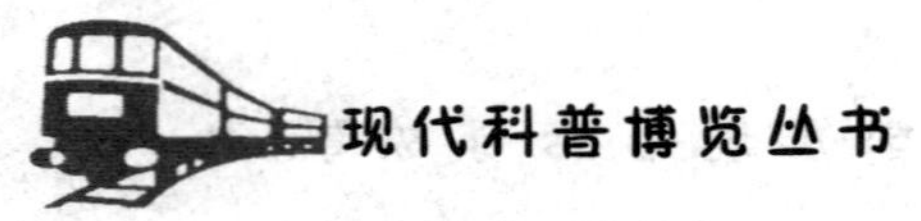

的房子里，正召开着一年一度的日本数学物理年会。

京都大学玉城研究所的汤川秀树报告了题目为《关于核内电子问题的考虑》的论文，物理学家仁科先生指出了论文的不合理性。失败对于一个科学家来说是常事。同学们都走过游乐园中的八卦阵，你只有经过多次碰壁之后，才能找到真理的出口，科学就是如此。

20世纪初，物理学经历了一场伟大的革命，欧洲是这场革命的中心。日本这个远离欧洲大陆的东方岛国，大概是因为地理位置的缘故，一下子还没有感受到这场大革命激起的冲击波。只有一位从西方留学归来的学者，向他们的学生报告一些那里正在发生的奇迹。汤川秀树研究的是一个使世界上第一流物理学家也感到头痛的难题：什么原因使得质子、中子这类基本粒子紧紧地组成原子核的。

要想把中子和质子保持在原子核那样小的体积内，必须有一种力。胶合中子、质子的力称为核力。这是一种非常强的吸引力，而且作用范围只有10~13厘米，一超过这个距离，核力便隐退了，它不像电磁力那样，可以传播到很远的地方。而且核力只作用于中子、质子之间。在当时，核力非常奇妙。

当时许多著名的物理学家在核力研究方面都遭到了失败，大家都企图把核力之谜归结为已知的粒子。汤川秀树认为必须从原来的设想中跳出，换一个全新的思路来考虑。是否能设想有一种目前未知的新粒子引起了核力呢？经过几个月的反复研究，几经挫折，汤川秀树预言了原子核里存在质量是电子质量200倍的粒子。由于这种粒子质量在电子和质子之间，所以称为“介子”。介子场围着质子、中子，正像电磁场围绕着电子一样，当一个质子或中子受到碰撞时，会放出介子。汤川秀树预言，宇宙辐射线中应该可以发现兀介子。1947年，英国物理学家鲍威尔在宇宙线中

发现了质量是电子质量273倍的新粒子。1948年建成了质子同步回旋加速器,即在实验室中就能产生大量的介子,可以进行仔细的研究。

汤川秀树设想核里面质子和中子是由交换介子而结合在一起的,他因此于1946年荣获了诺贝尔奖,成为第一个获得此奖的东方学者。

俗话说,失败是成功之母。只有胆识过人的人,才能在挫折之后冷静分析,总结经验,重新作战。汤川秀树的核力理论或介子理论就是如此诞生的。

宇宙守恒定律

自然界到处有对称,它的美正在于各种奇妙的对称性。许多事物、运动都是左右对称的,物理运动规律也是如此。但是,当物理学的发展深入到微观粒子世界时,情况却起了变化。改变微观粒子左右对称观念的是三位著名的美籍华裔物理学家李政道、杨振宁和吴健雄。

在研究基本粒子的对称性时,美国的物理学家维格纳提出了宇称守恒定律。宇称是指基本粒子的一种左右对称性,即粒子的运动规律与该粒子在镜子中的像所满足的规律是一致的。每种基本粒子都有自己的宇称值,宇称值又可分为奇数值宇称(奇宇称)和偶数值宇称(偶宇称)。在粒子相互作用形成新粒子时,方程式两边的宇称必须相等,这叫宇称守恒。在原子光谱分析、原子物理、核物理等许多领域内,宇称守恒被证明是百试百灵的。

任何事物,如果一帆风顺下去,最后就有可能停滞不前。推动科学向前发展的经常是那些与常理相违的“反常”现象。1953年,物理学家们观察到两种衰变反应。一种是由一个τ介子衰变成三个π介子;另一种是由一个θ介子衰变成两个π介子。由于π介子具有奇宇称,因此根据宇称守恒定律,奇+奇+奇=奇,奇+奇=偶,所以,τ介子应具有奇宇称,而θ介子具有偶宇称。从宇称来讲,这两种介子是完全不同的。但是,实验表明两种介子的其他性质都相同:质量相同,电荷相同,寿命相同。人们用宇称字恒定律不能解释,这就是1954~1956年物理学界著名的τ-θ难题。

李政道和杨振宁是抗日战争时期赴美留学的。杨振宁曾受到过著名物理学家——原子弹之父费米的悉心指导,他对对称性概念产生了浓厚的兴趣;李政道当时也开始探索粒子体系的内部对称性。他们把注意力转向τ-θ难题。结果发现:原来关于宇称守恒的实验都是在强相互作用或电磁相互作用下进行的,而弱相互作用下宇称守恒并没有任何实验依据,只是人们的一种推广。既然弱作用下宇称守恒没有实验依据,那为什么不可以假定它发生了破缺呢?由此断定,τ和θ是同一种粒子。李政道和杨振宁当时不过30多岁,他们思想解放,进行了这一大胆的假设。但要突破根深蒂固的宇称守恒定律,还要有实验证明。女物理学家吴健雄设计了一个巧妙的实验。用两套互成“镜像”的装置,选定被极化的钴60作为试样。被极化的钴核因弱作用而发生β衰变。两套装置中互成“镜像”的核衰变所产生的电子在不同方向上的角分布是不同的,表现出明显的左右不对称。这是由弱相互作用引起的。吴健雄以其十分准确的科学方法,高超的实验技能取得了完全的成功,用清晰的实验图像说明了宇称与弱相互作用之间的内在联系。τ介子和θ介子是一种粒子,称为K介子。

杨振宁和李政道在1956年的工作成就,对粒子物理学的发展具有方法论上的指导意义。科学界普遍认为,这是20世纪四五十

年代物理学的一项最重大的理论研究成果。他们荣获了诺贝尔物理学奖和爱因斯坦奖，这是华裔学者首次获得的最高科学荣誉，中华民族也把他们的成就引以为荣。如今，粒子物理学所取得的一系列成就，其中不少是杨、李在1956年所开创的工作的继续。这对于同是炎黄子孙的我们来说，难道不是一种极大的鼓舞吗?

丁肇中与"胶子"

科学的探索从来都是曲折的，大自然为我们提出了一个又一个的谜，唯有不怕艰难的人才有希望看到真理的曙光。

1973年，轰击核子的实验仍在继续，但这一回人们改用中微子代替电子作为炮弹。中微子是一种不带电荷，只受弱作用力支配的点状粒子。实验得到了预想不到的结果：核子的一半动量在反应中"消失"了。富有经验的物理学家们指出："小偷"是隐藏在强子里的一种新物质，它很可能就是使夸克胶合在一起，造成夸克禁闭的胶子。

1978年，在东京召开的国际高能物理会上，几位物理学家报告说，他们分析了中微子、电子与核子相互作用的实验数据，并经过周密的计算，完全证实了理论上预言的胶子对夸克的作用。这对于正在探索基本粒子结构的科学家来说，鼓舞极大。

如何进一步证实胶子的存在呢？理论学家预言，当两个能量足够大的正、负电子相撞后，有可能看到一种称为胶子喷注的奇特现象。

华裔美籍著名实验物理学家丁肇中教授，带领着中科院高能物理研究所的二十几位科研人员，加入到国际探测胶子的行列中。1980年4月，在汉堡附近的西德电子同步加速器实验中心，佩特拉正、负电子对撞机启动了。它可能提供的最大总能量为三百八十亿电子伏，足以用来观察胶子特有的喷注现象。国际合作组的同仁们夜以继日地紧张工作着。

丁肇中教授曾因发现J/ψ粒子而荣获诺贝尔奖。他一向重视探测器，因为它是物理学家的眼睛。他领导的小组为这项试验特制了一架叫“马克—捷”的大型综合探测器，由几百件各种类型的探测器、上千台电子仪器、几百台电子计算机组成。经过将近四个月的周密观察，他们找到了四百四十六起有价值的强子事例。在进一步做了大量分析、计算以后，断定其中一些强子是由胶子放射出来的。在佩特拉机上工作的其他几个实验小组，也发现了胶子存在的类似证据。

丁肇中等科学家对胶子存在的进一步证实，意味着人类的探索已开始进入强子的内部，它将使高能物理研究深入到一个新的层次。

热门的超导

美国伊利诺斯大学教授约翰·巴丁是闻名于世的著名科学家，他在半导体方面具有非常卓越的成就，曾因发现晶体管效应而荣获1956年度的诺贝尔物理学奖。同时，他还一直从事着低温物理和超导理论的研究。

超导是许多金属、合金在极低温度下出现的奇异现象。将金属冷却到固有的临界温度下，电阻会完全消失；处于超导状态的

线圈一旦通过电流，即使不加电压，电流也会持续流动，几乎不消耗能量。超导现象是1911年发现的，当时荷兰低温物理学家卡默林·昂尼斯在研究液化氦的方法时发现，当水银降到绝对温度4.2 K时（约为-269 ℃），电阻突然消失；以后，把载有几百安培电流的铅环一直保持冷却，两年半中竟测量不出电流有什么衰减。超导现象的发现引起了世界的轰动，人们自然地预料，当超低温技术付诸实用后，解决能源问题便大有希望。因此，大批科学家转向低温超导的研究工作，发现了超导体的更多奇妙特性。

巴丁直接切中要害地研究了导体的电阻为什么在超低温时不会消失这个关键问题。他清楚地意识到自己的不足，便热忱邀请年轻人一起合作，立下决心一定要攻克这难关。库珀擅长理论演示，对于量子统计、量子场论都相当熟悉。巴丁很器重这位年轻博士在数理方法上的技巧和才能，特意把他从别的一所高级研究院请来。施里弗刚从大学毕业，是巴丁的研究生。老教授看到他基础扎实，才思敏捷，便建议他一起来探索超导现象的微观机制。他们经常在一起讨论，有时还争得面红耳赤，绝不因年龄和学位的不同而虚情假意。

协作创造新的生产力，在科学研究中也是这样。众所周知，导体中电子作定向运动便形成电流，电流受到晶格原子的吸引发生散射，表现为对电流的阻碍作用，即电阻。电阻消失并不是由于晶格原子对电子的作用消失，而是起因于电子和晶格原子的相互作用。只有从微观方面才能揭示超导现象的本质。1956年，库珀提出了电子束缚对的新概念。由于晶格的存在，两者之间除有库仑斥力外，还有一种由晶格引起的引力。在这种间接的引力作用下，两个电子组成电子对，彼此相互耦合，参与共同的运动。库珀的思想富于创造性，他的模型也有说服力。而施里弗则担负起浩繁的计算推广工作。他受英国超导理论先驱伦敦的著作启发

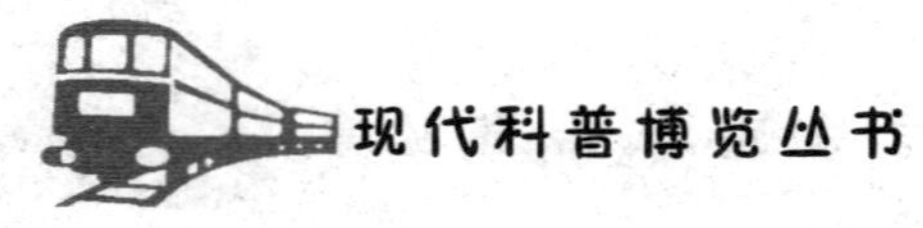

认为，库珀对的两个电子相距千分之几毫米，相当于原子核大小的几万倍。在这么大的范围里，大量库珀对紧密关联，形成一种凝聚状态。从整体上说，表现为宏观尺度的一种效应，也就是表现为超导体的各种奇妙特性。施弗里用量子力学的方法写出描述这种凝聚态的波函数，称为超导体的基态波函数。这个波函数使超导现象的研究有了理论上的突破，一套完整的超导微观理论诞生了。从这套理论出发，可以圆满地解释超导体的各种性质。

三位科学家由此而获得了诺贝尔物理奖，他们同心协力，扬长补短，创立了超导微观理论，大大丰富了固体理论，这被广泛应用于基本粒子、天体物理等研究领域，还为超导体的应用开辟了广阔途径。超导磁体、超导电缆、各种超导器件等脱颖而出。奇妙的超导世界正吸引着越来越多的人们。

创建控制论的先驱

美国数学家和哲学家维纳是20世纪下半叶兴起的科学技术革命的主要先驱者之一。他除了在数学上有卓越成就外，还创建了控制论。

维纳是本世纪少数几个“探索型”科学家之一，具有敏锐的哲学头脑，总是不满足于已有成就，不断把探索的目光投向新的荒无人烟的原野。他从20世纪20年代开始自己的科学生涯起，就迈向“函数空间积分”的崭新领域。由于不满足于一般积分理论，他要寻求其物理验证，这就把他引导到布朗运动，并首先在这里运用了勒贝格积分。布朗运动是分子的偶然的随机运动，维纳由此而开始了对随机过程的统计问题研究。这个研究，实在是他毕

生事业中具有决定意义的一步。正如他后来所见，20世纪的物理学革命并不只是相对论和量子力学，而是统计物理；后者所表现的偶然性世界取代了牛顿的机械必然性世界，从而使人们眼里的世界图景发生了根本性的变化。他的这一远见卓识，直到他身后才由于科学技术革命的开展而为更多人所理解。

从统计问题出发，20世纪30年代他又转向对与此有密切联系的通信理论的研究，第一个把通信作为统计过程处理，从而使通讯工程成为一门统计科学。这就是说，在通信中，传递消息的过程由于各种偶然性因素的作用，必然引起组织程度降低，使意义变得模糊不清，因此通信的过程也就是同这种自发趋势进行斗争以保持一定组织程度(信息量)的过程。在这一思想指导下，他同中国科学家李郁荣合作建立了“维纳滤波”。以最优方式把噪声同信号分离开来。这是控制论的理论准备之一。

20世纪40年代初，第二次世界大战促使他把他的研究领域从一般通讯过程扩大到防空火力控制这样的实际问题。这是一个如何通过有效的通信而达到控制的问题。为了对付德军优势，迫切要求改进防空武器。飞机速度和灵活性的迅速提高，高射炮如果还是用传统的瞄准方式，机械地按照既定目标发射，命中率必将日益下降。新的情况要求火力装置必须考虑外界情况的变化来修改原来的命令，即根据炮火执行命令的误差而加以调节。这就是给火力装置以反馈调节功能。这样，防空火力不是一台孤立的装置，发射操作必须把这一装置及其炮手连同敌机及其驾驶员看作一个整体，使之成为一个统一的通信和控制系统。这里特别重要的是，人也成了这个系统的一个组成部分，参加到整个通讯、控制、反馈的过程中去。这正像一艘船舶，掌舵者也成为整个机构的一部分一样。这又导致另一个更深刻的思想：动物机体和人体也同样可以看作是这样的控制系统。人的活动可以从控制和通信的角度进行研究。这就涉及神经生理这个更广阔的领域。维纳敏锐地意识到，在数学、物理学、工程学、神经生理学等学科的“边区”，存在着一大片有待开发的科学上的处女地。要开发这片土地，要有这些学科之间的“密切交往”。要有某种随机的探索过程。维纳勇参加在哈佛大学一个定期举行的科学方法讨论会。大家在会上各抒己见，畅所欲言，无所顾忌，不受拘束。在这个聚会上，维纳及其合作者计算机科学家毕格罗、神经生理学教授罗森布鲁特一经接触，思路渐趋统一，目标渐趋明确，通过几年的探索，他们关于控制论的论文诞生了——《行为、目的和目的论》。他们认为：一切控制行为，都是一个从原因到目的之间的随机试探、反复调节的曲折过程。这篇文章提出了控制论的基本概念。

20世纪下半叶所兴起的现代科学技术革命，使科学作为一个社会组织系统的特点日益鲜明。越来越多的研究工作需要在统一思想指导下有组织、有计划地进行。控制论不但为这一特殊系统提供了理论基础，而且它本身的诞生也成为一个有力的证据，它说明：现代科学的发展已不能靠个人冲锋，而要求社会集体工作。同时它也说明：科学作为人类精神的探索，永远离不开维纳这样敢于冲出旧疆域，深入无人区的科学上的探险家。

小小果蝇

孟德尔遗传学说重新发现之际，显微镜技术的发展，把人们的视野延伸到了细胞核内的微观天地。一些生物学家窥见细胞分裂时核内染色体准确无误地进行复制的情景，深受吸引，由此联想到生物繁衍过程中物种保持上下代基本的相似性，奥秘很可

能就在染色体上。

摩尔根把孟德尔的遗传因子理论和染色体研究结合起来，发现染色体就是遗传因子载体，因此获得1933年诺贝尔奖。摩尔根用实验和数学的方法，给遗传学奠定了扎实可靠的基础。

摩尔根在青少年时代就表现了鲜明的个性，喜爱大自然，对动植物有强烈的兴趣和无限的好奇心。正是这种兴趣和好奇心驱使他探索自然界的奥秘，并且使他在艰苦的科学研究工作中获得无穷乐趣，永葆旺盛的斗志。19世纪与20世纪之交，正是生物学从二门以形态描述和推理方法为主的学科，转变为一门以精密的实验方法为主的学科的时期。这是生物学取得伟大进步的时期。摩尔根用实验方法代替过去的研究方法来研究遗传学，选择了果蝇做实验动物。果蝇与豌豆和其他动植物相比，有许多优点，它有几十个容易观察的特征，有比较简单的染色体——每个细胞中只有四对染色体，繁殖快，容易培养。摩尔根用放射性射线照射果蝇，希望发生突变。果然，果蝇经过照射以后，一群红眼果蝇中出现了一只白眼雄果蝇。用这只白眼雄果蝇和其他红眼果蝇交配，继续繁殖，他发现后代中所出现的白眼果蝇全是雄的。因此他认识到，决定白眼的遗传因子和决定性别的因素是相互联系遗传的。以前，在对染色体的研究中已经发现，决定性别的因素是雄性精子中的染色体。这样，自然就得出遗传因子是在染色体上的推理。摩尔根发表了《孟德尔遗传机理》一书，总结了对果蝇的研究结果，用大量确凿的实验资料证明染色体是遗传因子的载体，并且借助数学方法，精确确定遗传因子在染色体上的具体排列位置，给染色体——遗传因子理论奠定了可靠的基础。从此，遗传学中的定性描述逐渐附属于定量实验的方法。以后，摩尔根把遗传因子叫作基因，坚持染色体是基因的载体。摩尔根学说在许多国家都有广泛影响。

染色体——基因理论给通过杂交等方法培育植物良种指明了方向，提供了理论根据。它给医学上预防和治疗遗传疾病开辟了道路，也给分子生物学的产生和发展准备了条件。

奇妙的双螺旋结构

物理学的发展，使测定物质结构的手段进一步提高，用X射线衍射法可以观察生物高分子的结构。

子女像父母，动、植物能保持种族的繁衍，这一切都同核酸有关，尤其是脱氧核糖核酸（DNA），它是生物遗传的物质基础，研究核酸的结构是使生物科学有重大突破的关键。

DNA是生物大分子，不能用光学显微镜来观察。科学家请X射线来帮忙。X射线的波长很短，和晶体内部各原子（或分子）间的距离相近。当一束射线通过晶体时便发生衍射，使射线强度在某些方向上加强，在另一些方向上减弱。分析这种衍射图样，就可确定晶体内部原子间的距离和排列。英国物理学家克里克，决心把物理学原理应用于生物，他同由美赴英留学的华生一起携手合作，开展对DNA的研究工作。一个偶然的机会，他们得到了一张清晰的DNA照片，从照片中央一个小小的十字架样的图案上，他们立刻洞察出了DNA双螺旋结构的秘密。这是由于他们能博采众家之长，抓住核酸碱基配对的关键，别出心裁地想出了双螺旋的结构模型。

DNA的双螺旋结构，很像一个旋转楼梯，两侧扶手是由两条多核苷酸链上的糖和磷酸组成的。碱基在内侧，以氢键相连，好比阶梯。氢键的形成不是随意的，而是一个嘌呤对一个嘧啶，这

叫“互补原则”。这意味着脱氧核糖核酸中的一条链的碱基顺序一经确定,那么另一条链的碱基顺序也就确定了。DNA的这种结构能保证父辈的密码像拷贝一样无误地传给子孙。于是,千百年来人们难以索解的遗传之谜被解开了。DNA结构模型为尔后发现的生物遗传密码,以及60年代末用电子显微镜拍摄的放大730万倍的双螺旋结构照片所证实。

由于揭开了DNA双螺旋结构的秘密,在以分子角度解释生命现象方面获得了突破性进展。分子生物学成为20世纪后半期最重要和发展最快的学科之一。人们有可能把一种生物的遗传基因移入另一种生物中,在分子水平上进行杂交,这就是遗传工程。我们现在已经进入分子生物学时代。

垂涎与条件反射

科学的跃进往往取决于研究方法上的成就。研究方法每前进一步,我们仿佛也随之升高一层,从那高处我们就可望见更加广阔的远景,望见许多先前望不见的事物。

这是俄国著名的生理学家巴甫洛夫毕生的经验之谈,他把研究方法在科学研究中的重要意义提到了前所未有的高度。

19世纪末,生理学界通行的研究方法是分析法,即活体解剖法:将实验用的动物置于麻醉状态下,剖腹挖脏,研究单一器官的生理机能。这种方法虽然提供了大量的生理学资料,但又包含着许多弊病:它既抑制和阻碍了神经系统对各器官所起的重要作用.又损害了动物机体内各系统、器官和组织之间的天然联系和交互作用;粗暴地毁坏了动物机体的正常生理功能,使之陷于奄

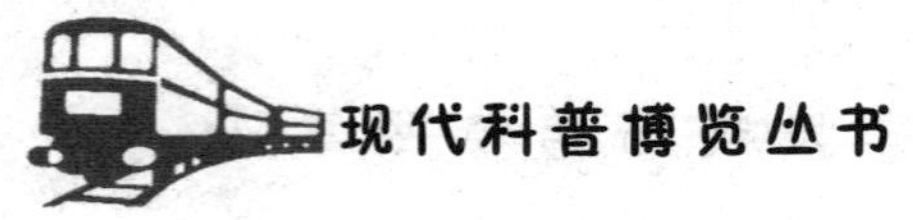

奄一息的境地,因而不能正确地揭示机体内各器官组织在相互联系中所表现的生理活动规律。这时在临床病院生理实验室工作的年轻的巴甫洛夫认为,要用整体的观念去看待生命有机体及其与周围生活环境的关系。动物机体是一个极其复杂的系统,是由无数的既是相互关系、又与周围环境处于统一和平衡状态的许多部分组成的。巴甫洛夫决定改革研究方法,以综合法补充分析法,在未受伤的或动过手术后恢复健康的动物身上进行实验,在最接近于动物生活的自然条件下,观察和研究生理功能和生理活动规律。

他巧妙地设计了假饲实验,来观察动物胃腺的分泌活动。他把狗的食管割断,并在狗的胃里安装了集聚胃液的玻璃瘘管;狗进食的时候,食物到不了胃,然而胃却照常分泌大量的胃液流进瘘管。巴甫洛夫认为第十对脑神经是胃腺的分泌神经。后来,他证实了胰腺也具有分泌神经。巴甫洛夫设计的假饲实验取得了成果,他进一步改进研究方法,开始做真饲实验。他将狗的胃隔成两室,小胃封闭,大胃进食。由于两室有共同的胃壁,神经相连,血脉相通,大胃消化时的胃腺分泌活动,可以从小胃流出的纯胃液得到反映。但分隔胃室的手术极其艰难,有几十条狗死在手术刀下。许多生理学家断言,这种手术永无指望。但巴甫洛夫不怕压力,连续苦干六个多月,终于成功并且有一新的发现:胃液的分泌依照进食的不同种类和数量,分泌出不同的浓度和数量。

巴甫洛夫由于在消化生理上的工作,于1904年获得了医学与生理学诺贝尔奖。他创造性的方法及其成果,给旧的消化学注入了新的血液,使生理学研究绝处逢生,踏进柳暗花明的境界。他走出消化生理学的圈子,向神经生理学的新领域迈进,形成了新见解:狗对食物的“无条件反射”以及对饲养员脚步或铃声的预示的“条件反射”。他用整体方法和分析方法相结合的实验,证明了

条件反射是在中枢神经系统的高级部位大脑皮层上形成的，是记忆的基础。巴甫洛夫展开理论思维的丰满双翼，向着大脑生理学的目标高飞。他创造性地提出了人类在条件反射活动中，不仅具有与动物共有的“第一信号系统”即印象、感觉，还具有动物所没有的“第二信号系统”即语言，它是人类特有的高级思维。条件反射和信号系统学说的提出，对20世纪生理学、医学、心理学和哲学的发展产生了深远的影响，造福了人类。

突触机制研究

突触是由一个神经元的轴突末梢和另一个神经元的细胞体或树突构成的连接点。它是澳大利亚神经生理学家艾克尔斯采用微电极新技术研究神经细胞的卓越功绩，他因此而获得了诺贝尔医学奖。

在高度发展的神经系统里，一个神经细胞可以和邻近的神经细胞构成几千个突触。每个突触将外界刺激引起的神经冲动由一个神经细胞传递到另一个神经细胞，它完成神经细胞间的信息传输、处理及储存的功能。

突触的机制问题在19世纪末，多数生理学家认为是电传递，电传递说强调在突触处的传导主要是一种电现象；而20世纪初，化学传递说又崛起，它强调在突触处的传导取决于化学传递物。两派学说各执一词，展开了激烈的论战。

此时，艾克尔斯刚刚进入神经生理学领域，他对信息如何从一个神经细胞传递到另一个神经细胞很感兴趣，研究起突触传递的性质。他革新了生理学实验，将微电极技术应用于研究中。他用一种尖端直径0.5μm、内灌导电溶液的玻璃细管——微电极，把它小心地插入位于脊髓中的运动神经细胞内部，电极两端连接示波器，由此测量处于静止状态的运动神经细胞的膜电位。那时，他还是个坚定不移的电传递说的信仰者。但当艾克尔斯通过对细胞电位记录的研究，发现当神经细胞对突触的化学传递物质产生反应时，这些反应部分地取决于离子成分的特性。因为神经细胞的放电本身依赖于离子通过细胞膜的运动。以后更证明了兴奋和抑制的膜电位变化是由于膜的通透性改变而引起的，确立了神经细胞的抑制和细胞膜重新极化之间的关系，澄清了中枢神经系统生理学中的一个根本问题。

面对实验事实，艾克尔斯该如何呢？他坚信电传递说达二十年之久，而且，他的声誉也很高，是享有盛名的生理学教授，曾被封为爵士。但是，当他在实验中发现问题后，既没有抱住自己的陈旧观念不放，又没有患得患失的思想，而是服从真理，否定了自己早期得出的兴奋和抑制突触的电传递理论，坚定地支持化学传递说。

艾克尔斯从坚信电传递说转为支持化学传递说，以他当时的名望，在生理学界产生了极大的反响。尽管在某些脊椎与非脊椎动物的神经系统中存在一些特殊突触具有电传递的事实，但大量的事实仍证明了多数突触传递需要有某种化学物质的参加。在艾克尔斯的影响下，很多生理学家随着发现而改变自己的立场，摒弃电传递说，支持化学传递说。从此，两种学说的论战渐渐平息了。

在科学研究中，不固守自己的理论，勇于改正自己的错误理论，支持原来反对过的、经实验证实是正确的理论，这是一种难能可贵的高尚品质和科学修养。艾克尔斯身为名人，可以毫无顾忌地否定自己的错误，是值得我们青年人好好学习的。

中国的第一个石油城

年轻的朋友们都知道我们国家有个大庆石油城，而我们的父辈们知道的则是大庆油田。这是我国的石油勘探大军战略转战，根据李四光的地质理论和推断，在东北大荒原上，经过几年的艰苦奋战，拿下的我国第一个大油田。如今，油田经过石油资源的开发和利用，已经逐步形成了以开采石油为主，以石油加工为辅的新兴石油工业城市。石油宝藏的勘探，是根据地质力学的理论，而这个有确定研究内容和研究方法的崭新理论的创立者就是李四光。

1926年，在北京大学任教的李四光教授参加了中国地质学会年会。他的新作《地球表面形象变迁的主因》一文，首先批判了传统地质学派一些不符合实际的观点，以满腔热情给"大陆漂移说"以肯定和支持，接着又根据翔实的地质资料大胆地提出自己的观点。他由地球表面海水有规律的运动，联系到地壳运动可能也有类似的规律，推断引起海水和地壳有规律运动的原因，可能是由两极向赤道或由赤道向两极的水平分力的挤压所造成的，而这种水平分力又是由地球自转速度的变化产生的。李四光的这一观点在地质学界引起了很大兴趣，但却得罪了"大洋造山"理论的权威——美国人维李士。他神气十足地说："很遗憾，在中国这样一个地方，居然能有人探讨这么一个庞大的问题！"他又用鄙夷的口气问李四光："你在哪国留学？教你的先生是谁？"李四光是一个非常谦虚而又很自信的人，对于洋人的这种无理挑衅，他置之不理。对于学术上的问题，他认为自己根据有限的资料而得出的这种认识，才刚刚是个开始，它还是一株才出土的幼苗，要将它培育为繁茂的参天老树，还需付出艰辛的劳动。

李四光治学严谨。一旦有了新的想法，他会竭尽全力，不畏艰苦地到自然界中去寻找更多的证据而绝不放弃。在去苏联参加地质科学会议的途中，他发现了贯穿亚欧大陆的“山”字构造，联想到这有可能就是自己提出的由于地球自转加快而引起地壳运动的一个证据，在中国的版图上是否也能发现相似的构造呢？他带领一班人转战南北，风餐露宿，终于功夫不负有心人，经过仔细的调查，在我国境内又发现了两个“山”字型构造。具有远见卓识的李四光意识到这些发现必然存在某种联系，透过表观的各种地质现象，可以看到地壳运动的本质。在以后的地质实践中，他不断扩大自己的研究范围，不放过任何考查的机会。丰富的实践经验和材料，严谨辩证的思维方法，使他对地壳运动问题的认识更全面、更深刻，他认识到，地球自转运动中所产生的离心力，必然会使地壳产生一种应力，地壳上各种构造形式，就是由于受到地应力的作用而形成的。

新中国成立初期，由于受传统地质理论的影响，我国被判定为“贫油国家”。但李四光认为只要有适合于生成和储藏石油的条件，都可以有丰富的油藏。他认为从东北的松辽平原到华北平原和江汉平原，在新华夏构造体系的一个沉降带上，这是我国很有希望的储油构造带。大庆油田就是在这种理论指引下的开采结果，从此以后，中国人使用“洋油”的时代一去不复返了。李四光的地质力学为祖国石油宝藏的开发作出了贡献，在外国人面前使中国人挺直了腰杆。

真正的强者

培根说，“超越自然的奇迹，多是在对厄运的征服中出现的”

一个人的成长，不经过坎坷和遭遇，受一些磨难，就不能激发进取心，磨炼出钢铁般的意志。应该越是艰险越向前，不经一番寒彻骨，哪得梅香扑鼻来？磐石所以刚硬，是因它经历了风雨雷电的千磨万击；美玉比沙石坚硬，是因它曾在地壳运动中承受过更大的压力；而钻铁如土的金刚石，则是在几万个大气压和几千度超高温中诞生的！伟大的科学家都是在逆境中千锤百炼，自强不息的。

著名数学家华罗庚因家境贫困，初中毕业后到职业高中学了一年多会计，文凭还未拿到，就来到金坛，替父亲挑起全家的生活重担。没多久，他又染上了伤寒病，整整躺了半年，虽然挣脱了死神的魔掌，左腿却落下了残疾，再也伸不直了。他苦思冥想，觉得只有从数学中才能寻得出路。他便从老师王维克那里借来几何、代数、微积分的书自学，每天傍晚，店里的活儿干完了，他便坐在昏黄的油灯下，认真地钻研，靠独自思考去解开书中的奥秘。

一次，华罗庚从一本杂志上看到苏家驹教授的一篇关于代数的五次方程解法的数学文章，他经过仔细的演算，发现结果完全相反。于是，他写了一篇《苏家驹之代数的五次方程式解法不能成立的理由》论文，寄给上海的《科学》杂志。这篇文章惊动了清华大学数学系主任熊庆来，他把华罗庚请到清华，从此，华罗庚的工作、学习和生活才有了转机。

一个名不见经传的小人物，向大名鼎鼎的数学家挑战，需要科学的自信。在逆境中顽强崛起，正是科学家不同于常人的伟大之所在。他们在不幸的遭遇、艰险的境地、恶劣的条件面前，并不悲观消沉，徒自伤悲，而是冷静地思索人生的真谛，探求真理的轨迹，矢志不移，坚持到底，就一定能取得成功。

后来，在熊庆来的帮助下，华罗庚来到英国剑桥大学进修，依靠自己的不懈努力，一步步登上数学大师的宝座，成为一位一级

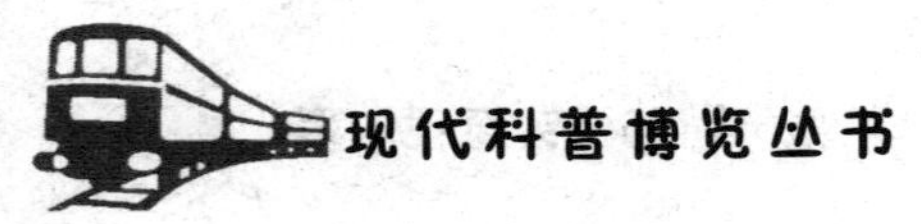

教授，受到国内外众多知名人士的敬仰。

逆境中发愤才有所成就，并不是偏爱逆境，夸大逆境磨难的作用，而是说任何人不可能都一帆风顺。要想达到科学的顶点，必须意志坚强、积极拼搏，与逆境抗争。同时，科学家本身的内在因素决定成功与否，要不断地进取，从成功走向成功。

神奇的电力

正当资本主义社会被蒸汽车轮滚滚推向前进的时候，一种自然力——电力悄悄地进入到社会生活中来。人类历史跨进了将电用于动力、照明、通信和生产的“电气时代”，社会生产又产生了一次巨大的飞跃。

第一台有效的电动机是物理学家、技师雅各比研制成功的。他不用大多数前人的做法，而用几个很强的电磁铁产生磁场。最初实验时，将电磁铁放在两块圆盘的边缘，其中一块圆盘在一根公共轴上与一个“换向器”相连接。固定盘的磁极和活动盘的磁极靠得很近。为了证明电动机的效能，雅各比将改进后的电机装在一艘船上，船载着12名乘客在涅瓦河上试行成功。由此证明，电动机是完全适宜技术上的应用。当时卡尔·马克思对李卜克内西说，当时一些人已经预测到一种“更为革命的力量——电火花”将要代替“蒸汽所占的神圣地位”。人们想象着日常生活也可以使用这种动力，真是奇妙无比！

1866年号称近代德国科学技术之父的西门子，以电磁铁制成了实用的发电机，为电气工程的大发展开辟了广阔天地。1867年1月，他向柏林科学院提交了他的论文《不使用永久磁铁使工作力

转变为电流》。这篇论文的标题多少给人以枯燥无味的感觉，但论文的背后却隐藏着电气技术最重要阶段的开始，出现了从机械中获得大量电能的可能性。他改进的发电机提高了效率，降低了成本。

人们还开始设想将弧光灯大规模地用于照明，设计并试制了许多种弧光灯。但弧光灯使用不太方便，不能为照明技术带来根本性的变革，而弧光灯产生的大量的热，对冶炼技术和化学工业具有重要意义。今天，电弧焊已是新的工艺中不可缺少的部分了。

爱迪生发明的白炽灯很快就发展成为大量生产的商品。爱迪生出身贫苦，十二岁成了报童，十五岁在火车站当电报员。他工作之余刻苦钻研，如痴如醉地进行各种科学实验。在他名下的发明有一千多项，获得了“发明大王”的美名。发明家和科学家有不同的特点。科学家的兴趣在于探索未知世界，他们以发现自然界的奥秘为乐事。很多科学家在研究某个问题的时候，说不清这项研究的实际意义。也有不少科学家开拓了科学的新领域，甚至也认识到自己发现的重大实际意义，但他们并没有努力把已经取得的科学成就转化到实际应用上面，而是再去探索新的未知世界。好奇心、敏感、哲学思想和数学才能等，都是科学家所需要的宝贵品质。发明家却不同，他们的工作并不是为了探索未知来满足求知的欲望，他们以创造出能够更好地满足生产或者生活实际需要的东西为己任。经济眼光、组织才能和献身精神，这些才是许多发明家的共性。发明是现代意义的技术研究。

爱迪生就很好地应用了技术研究的特点。技术研究常常需要有各方面特长的人共同协作，花费大量资金，爱迪生有整个研究所做后盾，花费四万美金，大批购买各种实验材料。技术研究不能一出成果就收兵，必须解决成果的应用和推广的各种实际问

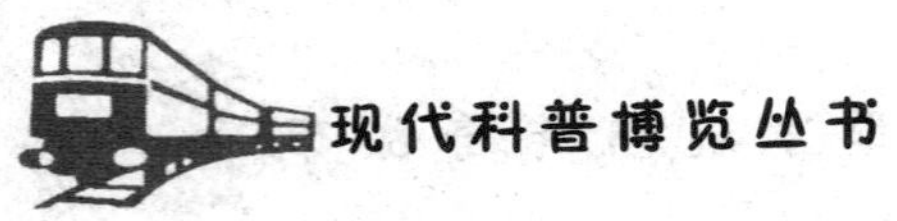

题。爱迪生为了使电灯能够实用，灯泡在电路上要并联而不能串联，这样才不会因为一个灯泡的关闭或损坏而影响整个线路。并联要求灯泡有高电阻，他就研制了极细的灯丝。爱迪生还努力地研究发电和供电，建成了电力站和电力网，使供电像供水一样。爱迪生成功的关键是技术研究同生产紧密地结合，同创办新兴的企业和行业相结合。他曾经说过：天才就是百分之一的灵感加上百分之九十九的汗水。

19世纪30年代以后，电力直接服务于社会经济生活。先在通信方面，然后在电镀、照明以及动力方面取得了进展，由于生产对电需求迅速增大，生产电的工厂——发电厂相应地建造和发展起来，从“住户式”发电站发展到中心发电站；从直流发电站发展到交流发电站。在远距离高压交流输电中，变压器是重要设备。1878年亚布洛契诃夫制成了用于工业的变压器。较大容量的中心发电厂的建成，大容量高电压的变压器的制造，促进了高压输电网的迅速发展。1901年美国建成了50千伏的高压输电线。十月革命以前俄国输电线路的最高电压达到70千伏。远距离输电技术的发展，使电力为大规模的工厂和广大地区的工业发展提供了比蒸汽动力更强大更方便的动力，对工业发展起着决定性的作用。

电机的产生，电力的应用具有划时代的意义。列宁曾指出：“电气化将把城乡连接起来，在电气化这种现代最高技术的基础上组织工业生产，就能清除城乡间的悬殊现象，提高农村的文化水平，甚至清除穷乡僻壤那种落后、愚昧、粗野、贫困、疾病丛生的状态。”以电力应用为特征的第二次技术革命把工业文明大大向前推进了一步，诞生了一系列新兴的工业技术，促进了一系列的技术发明，电力技术同内燃机技术的结合，更促进了各资本主义国家生产力的增长。在生产的各个领域、在社会生活的各个方面，处处闪耀着电力的火花。

“近在咫尺”

电话的使用已成为我们日常生活中传递消息彼此联络的重要手段之一，那么世界上第一个利用电线传递声音和说话的人是谁呢？又是谁改进和发展了电话的研制呢？

德国的一个名叫菲利普·赖斯的教师，是最早研究电话的人。他除了对自然科学及其应用有浓厚兴趣外，还心灵手巧，能把他的想法在技术上付之实现，他虽然成功地搞了一些小的创造发明，但是他一再反复进行研究的最喜爱的课题还是电话。

要实现这一理想，首先要解决的问题是必须在发话地同时把声的振动变为电流和电压变化，并传送出去，在受话地同时再恢复为声振动。这就是电声传输的原理。赖斯用木头仿造人耳制造了一个发话器。发话器的一端蒙上一张用猪肠做的薄膜，薄膜随声振动而振动。薄膜上还附有一块金属小片，于是电路便随着声振动的节奏而开闭。受话器是一个绕上绝缘线的勾针。勾针安放在两个小支架上，支架装在一个类似小提琴的共鸣箱里，当断续的电流通过线圈时，就会发出声音来。

赖斯在卧室和工作地之间架设了一条电线，把发话器、受话器和作为电源的电池连接起来。他让一位朋友对着木制耳朵说话，试验成功了。虽然声音比较轻，但从共鸣箱可以听到在另一间屋子里所说的话。赖斯赶快跑到发话器那边，并叫他的朋友到受话器那边去。说话照样听得清楚，电话试验成功了。赖斯希望他的电话机会迅速得到采用，但他大失所望。许多科学家把这一发明当作一种奇珍物品，一种物理游戏，大多数技师也持同样看

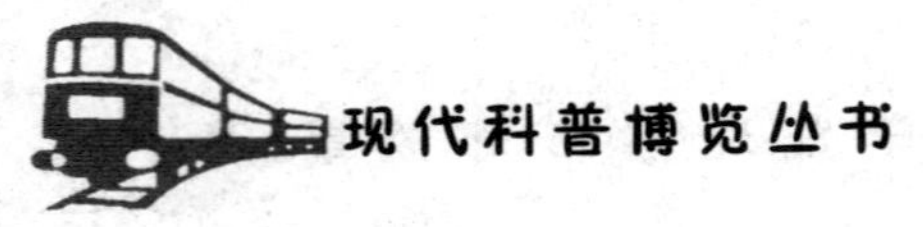

法。他们当时没有想到，这种不起眼的信息传递机后来有多么巨大的前途。

赖斯四十岁时死于肺病。直到临终，他还对他的发明充满信心地说："……我只好让旁人将这项工作继续进行下去。"

亚历山大·贝尔是继承赖斯未完事业中的最重要的一人。他出生在英国一个声学世家，曾经当过聋哑学校的教师。由于职业上的原因，他研究过听和说的生理功能。贝尔移居美国后，受聘为波士顿大学声音生理学教授。贝尔在英国的时候就对电能传递信息发生了浓厚的兴趣，电话一直是他梦寐以求的目标。1873年，他辞去了教授职务，开始专心研制电话。

要研制电话，先要把声音信号变成电信号，再把电信号变做声信号。1875年，贝尔在波士顿电报装置旁工作的时候，看到电报中应用了能够把电信号和机械运动相互转换的电磁铁，使他受到启发，开始设计制造电磁式电话。他最初把音叉放在带铁芯的线圈前，音叉振动引起铁芯做相应运动，产生感应电流，电流信号传到导线另一头作相反转换，变做声信号。随后，贝尔又把音叉改换成能够随着声音振动的金属片，把铁芯改做磁棒，经过反复实验，制成了实用的电话装置。

1876年，贝尔获得美国的电话专利。各城市、展览会和研究所，凡对贝尔的发明表示兴趣的，他都去那里表演他的机器。他架设了一条8.5公里的试验电话线。两年后，贝尔在约黑文成立了世界上第一个电话局，开始时只有21家用户。一年后，单在纽约就增加到几千家。人们充分享受到了电话通信的便利，足不出户，就能了解各种各样的信息，和家人的联络也好像"近在咫尺"。贝尔的"顺风耳"成功了！

缩短时空

古希腊曾经有一个名叫马拉松的人，跑了几十公里传递消息，这是现代马拉松长跑的起源。随着生产的发展，贸易交往增加，金融情报需要迅速传递。古代长跑的方式不能满足快速传递信息的要求；就是利用火车、轮船在五大洲、三大洋之间传递信息，也需要几天甚至几个月的时间。人们渴望有简单和迅速地传递信息的办法。当电登上科学舞台的时候，立刻引起了人们的注意。

最初简单的想法是用二十六个球，当给不同的球充上静电的时候，吸引相应的英文字母纸片来传递信息。伏打的电池发明后，较长时间的持续电流为试验把电用到信息传递上提供了成熟的条件。慕尼黑的解剖学家和哲学家泽梅林根据电流能使水分解且此时的水泡可以指示电的流动的原理制造了一架电报机，通信可达三公里，但设备不可靠，价格也昂贵；“数学之王”高斯建议采用一种新的光学信号机，利用阳光或人造光源，在条件良好的情况下进行100公里的信息传递。接着，1820年人们发现电流可使磁针产生偏转，这对电报的进一步发展具有特别重要的意义。俄国的希林格设计了第一个可供使用的电磁式电报机，他在德国自然科学家和医师大会上，表演了经过改进的电报机。1832年，美国的艺术家莫尔斯到欧洲旅行，他和他的同时代人一样，对那些使奥斯特和安培成名的科学实验很熟悉。他了解了许多电磁学方面的新发现，产生了利用电磁原理研制有线电报的想法，走上了科学发明的崎岖道路。1837年，他发明了用他自己名字命名的电码编法。快五十岁时,终于制成了实用的电报机。当时的美国,不存在旧的生产关系的阻碍,商业和交通事业得到了迅速发展,尤其北方各州发展更快。为了去西部开发土地,建设铁路大动脉,以及用武力镇压和讨伐印第安人,都迫使资产阶级采用可靠的通信工具。美国国会立即给莫尔斯提供资金支持,在华盛顿和巴尔的摩之间架设了第一条有线电报线路。

有线电报的出现,立刻成为科技界和工商界注视的焦点,许多国家纷纷建立电报公司,德国的凡尔纳·西门子对这个新鲜事物十分敏感,他1846年以后开始从事电报事业。在电报机业开辟了一个可靠的销售市场,建立了西门子—哈尔斯克公司,这是资本主义最大的电子康采恩之一。英国也成立了电报公司,惠斯顿的指针式电报机在英国很受欢迎,因为任何人都能够操作这种电报机而不需要设置专职电报员。

然而第一批电报线路的发展表明,机器设计制造不仅仅是一个技术问题。西门子也认为:“一名学者不难想出某些办法来实现电报通信,这些办法在室内试验时可能是行之有效的,但是在实际上却出现了一种使他的计划归之失败的不利因素,这就是通报地点之间的线路的绝缘问题。”从事电报研究的技师们所面临的任务范围是非常广阔的,各种各样的问题摆在他们面前:建立电报网需要大量绝缘线,如何找到价格便宜而又合适的绝缘材料呢?怎样架设线路?电杆怎样防潮和防蛀?……电报通信的扩大反映在技术的发展上。除了机器和线路有许多改进外,如何通过海底电缆建立各大洲的通信联系?这两个系列的问题,技师们一个又一个地攻破了,使得我们现在的电信交换技术一步步地发展起来,缩短了我们彼此之间的距离,使我们联络快捷而便利。

“有线”变“无线”

前面提到的有线电报离不开电线，能不能不要电线呢？意大利人马可尼发明了无线电。

马可尼年少时常随母亲去游览异国他乡的名胜古迹，先后到过大西洋达八十七次之多。在漂洋过海、长途跋涉的旅途中，到处可见巍然矗立的宫堡，清澈平静的湖泊、山清水秀的乡村、繁华富丽的都市……马可尼很想和亲友通信息，将绮丽的异国风光及风土人情及时地告诉他们，共享欢乐。当时，有线电报算是最快捷的通讯工具，但它的效用很有限，有时电线一出毛病，全部电讯就宣告中断。“能否发明一种不用电线的电讯工具，使远隔千里的两地能迅速互通信息呢？”这个问题，时常萦绕在马可尼的脑际。

1888年，德国的物理学家赫兹发明了一种电振荡器，能引起振荡火花放电。尽管两台电振动器之间无电线联接，但在实验室的一端让电火花在一台电振动器的两片金属极的空隙间来回跳动，在实验室另一端的一台间的电火花也会跳动。这项实验证实了电磁波的存在。但是，谁也没有意识到电磁波可以应用于通讯，只是认为电磁波的空间传播不过是一种有趣的物理现象，毫无实用价值。赫兹甚至在给一位工程师的复信中直截了当地否认利用电磁波实现无线电通讯的可能性。他殊不知自己掌握了科学的钥匙却未打开无线电发明之门。

科学史上往往出现这样的情况：当一个新的科学现象被发现后，许多人（甚至发现者）往往看不出它的重大价值，淡然处之，以致科学钥匙虽掌握在手却不能打开创造发明之门；而有志之士却由此追根溯源，敢想敢干，建立起新的科学理论，或者实现重要发明，永载史册。

1894年，只有二十岁的马可尼从赫兹去世的讣告中了解到电磁波的性质，产生利用电磁波进行无线通讯的想法。他善于抓住新的科学现象，勇于实践，科学想象是否正确，必须用实验来证明，他改进了金属检波器，在怎样发送电波信号和接收检测电波信号方面做了大量细致的工作。同时他请求财政方面的支持，在英国得到了有远见卓识的人们的合作。无线电通讯的范围很快从几百米增加到几十公里。他成立了自己的无线电报有限公司，他的工厂开始大量生产发射电磁波的感应线圈和接收用的金属检波器。英国、德国和意大利的海军以及许多商业航运公司开始采用无线电报。

无线电短距离传送的成功，并不是马可尼的最终目的，他的愿望是在少年时期就定下的——将电讯号送过大西洋，让电信号"绕行全世界"！当时，有份科学杂志发表了马可尼决心征服大西洋，让电信号"绕行全世界"的消息，引起科学界议论纷纷。有的怀疑，有的反对。一位著名的大学物理学教授亲自到出版社，责问为何刊登"这样荒谬的文章"。他还以权威的口吻断言："向地球上的远方发射电磁波完全不可能"，因为"这是违反物理学上的定律的"。理由是：地球是球形的，电磁波是直线传播的，它至多只能到达与地面成正切的范围之内，不可能到达地球的另一面。年轻的马可尼，与这些自命不凡的权威不同，他坚信科学实验能探索真理，解开难题，虽然当时他还不知道无线电波能被大气电离层折射而返回地面的道理，但他不顾冷嘲热讽，不理睬别人的反对和怀疑，鼓起勇气，加紧制造一个强有力的振动器和灵敏的接收器，为远距离无线电接收试验作充分准备。1901年，他在英国建设了一个高高矗立的发射塔，向空中发射的电磁波信号在大西洋彼岸收到了。马可尼推测空中有能够反射电磁波的电离层

存在,后来的实验证实了他的推测。无线电报从此不再受距离的限制,它很快取代了有线电报。

马可尼是第一个利用赫兹电波而发明无线电信号的人。马可尼对于无线电报的实际贡献可以这样说:麦克斯韦和克鲁克斯用一种分开的放电法而创立了电振的理论;赫兹证实了这种理论而叙述了电波的特性;马可尼则利用以上的原理和特性,使电波变成了实在的信号,以后又由不断努力和实验,造成了一种最完备的工具,成为商业交通上的必需品……马可尼敢于升起他的帆篷,去探索尚未通航的川流,最先发现了这条新道路。

电报的发明在科技史上具有划时代的意义,它是自觉应用电学知识的产物。开创了信息革命,人们可以在一刹那间知道几千公里外正在发生的事情,它是扩展人类感官功能的一次革命。

和白昼一样光明

我国古代的“四大发明”之一就是火药,但它是几种无机物的混合物,爆炸力比较低。近代的炸药多是有机化合物,它是随着有机化学的发展而生产和发展的。瑞典人诺贝尔在研究近代炸药中作出了出色的贡献。

古人云:“人之不幸莫过于自足。”而科学家的真正品德是从不满足,他们把已经获得的成就当作新的起点,“百尺竿头,更进一步”,不断进取,从成功处再起飞,沿着一个又一个新的目标,不停地冲刺,一步步地升华,直至生命终止。诺贝尔这个炸药发明大王,当他用硝化甘油和矽藻土制成猛炸药,获得巨大经济效益后,又去寻求其成功的不足,探索如何提高猛炸药的威力。

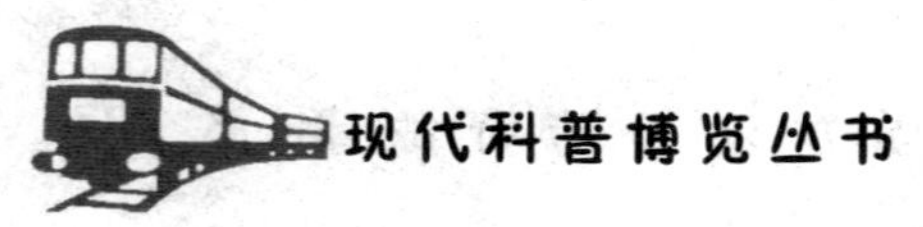

诺贝尔十五岁开始周游世界,他了解到炸药在军事和工业上的重要性,同时学到了关于化学和化学工艺方面丰富的知识。1862年起,他开始研究炸药。

诺贝尔努力改进了用硝化甘油做原料的炸药,实验成功用硅藻土吸收硝化甘油的"安全炸药"。以后,又研制成功硝化甘油和火棉混合而成的比较稳定的胶状物——"炸胶",减少硝化甘油的比例,可以得到适合做枪炮弹头的发射药。

诺贝尔不但是个科学家,也是个能干的企业家。他将炸胶推向市场,很快就行销于世。遗憾的是,诺贝尔将炸胶应用于军事的设想,还未能得以很好地实现。他反复思考着:几十年来,硝化甘油或硝化棉炸药得到广泛应用,黑色火药为什么并未被淘汰呢?原来,这是由于黑色火药有很好的适应性。用在矿山,它有适用的爆破力;用在枪炮中,它有适用的推动力,二者兼备,这是黑色火药的优点,但威力较弱。于是一个使炸药适应于专业化要求的思想,在诺贝尔头脑中确立起来。他要求自己分别制造出具有发射、爆破、引火等不同用途的新炸药。这个思想,是炸药发展史上的一个重要进步,也是诺贝尔的又一项贡献。

1888年,他制成一种双基无烟火药,在军事应用上有非常重要的意义,在炸药发展史上是又一个重要的里程碑。

诺贝尔不愧为一个出类拔萃的选手,他的目光总是那样深远,总是把成功作为新的起点,不断向新的目标冲刺。他的一生,几乎都是在实验室、试验场地度过的。为了科学事业,他不惜自己的生命,他还献出自己的许多财产,他的遗嘱规定,死后把大部分财产献给瑞典科学院,用他财产的利息奖励世界各国对物理、化学、医学、文学以及和平事业有杰出贡献的人,这就是诺贝尔奖金。它从1901年开始颁发,促进了20世纪科学的发展,它是当代科学文化领域杰出成就的最高象征。

诺贝尔的伟大之处就在于永不满足,不断进取的精神。他能不断地超越自我,从成功处再起飞。

四轮"铁马"

许多男孩子在车辆川流不息的大街上都喜欢看小轿车的品牌,英国的罗尔斯·罗伊斯,美国的卡迪拉克、日本的丰田、尼桑,德国的奔驰、南韩的现代……,这些造型美观、气派的轿车令人赞叹不已,但扔是否知道这四轮"铁马"是如何潇洒奔驰起来的呢?

早在上古和中古时代就有关于"自动行驶"车辆的记载,但这些车辆都是用体力作为动力的,它并不代表技术进步。中国古代的风帆车,荷兰广泛试验的风帆车,因为风无规律性,所以很难操纵行车方向,没有太大的价值。

一辆"汽车",只有在装备小型高效和经济的动力机后才有希望获得成功。法国人勒努瓦研究成功了第一台能工作的燃气发动机,1860年,他申请了"利用燃气膨胀而驱动的发动机"的专利。他曾经试验过将发动机装在公路交通车辆上,可是发动机的体积和功率之比很不相称,由于体积太大几乎装不进车辆。再说,发动机的煤气消耗量太大,要想带上足够的燃气作较长时间的旅行也是不可能的。

车用发动机必须体积小,重量轻,而功率尽量大。其转速应比勒努瓦燃气发动机的每分钟100转的速度翻几番才行。此外还要有一种能在发动机内自己汽化的密度较大的液体燃料来代替气体燃料。

这种车用发动机的发明主要应归功于戴姆勒和迈巴赫。戴

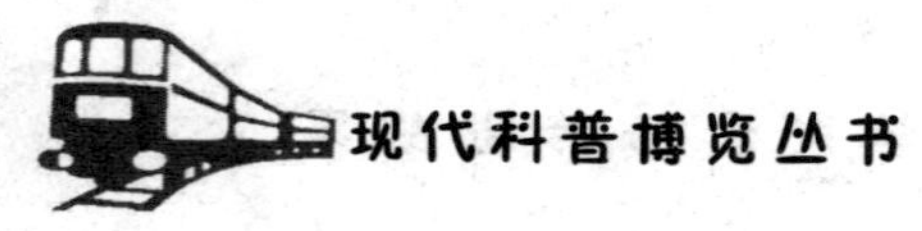

姆勒最初在军械所当学徒，学到一手出色的手艺，后来专攻机械制造，学到了丰富的科学知识。1872年，他到多伊茨燃气发动机厂工作。深受敬重的设计师迈巴赫也在这个厂。他们熟知燃气发动机的制造工艺和缺点，有可能应用汽车发动机方面所积累的经验。但是他们的设计并未受到公司的足够重视，工作十年后，他们决定独立研制车用发动机。他们预见到将来的动力车的最重要组成部分是发动机。最初，其他“附件”没有引起他们多大的注意。因此，他们的发动机用于两轮车上。“机动两轮车”是摩托车的前身，它是由一个木架和两个铁箍木轮组成的。发动机和轮子的传动比有两种。“摩托自行车”的时速可达12公里。在它的边上有两个小型的弹簧支撑轮，使司机在低速情况下不致倾倒。这种摩托自行车由于速度低，行驶路途崎岖不平，因此没有得到应用。但是它证明了戴姆勒—迈巴赫的发动机是可以用于车辆的。

卡尔·本茨和汽车的发明有直接关系。他的发明和设计活动一开始就把汽车作为一个整体，而不是只着眼于发动机。他是以双冲程发动机起家的，在1879年获得了专利权。他首先解决的问题是发明了一种转速超过其他任何燃气发动机的新型发动机并在一辆三轮车上试验成功。大家相信，这种车子将有良好的前景，因为这种车使用简便，速度极快，是最便宜的运输工具，甚至也适用于旅游者。当时，人们把汽车当作富豪从事体育运动时所备用的“喝汽油的马”，而不是当作一种新型的交通运输工具。

只有速度快而又经济实惠的机动车辆才会有广阔的前景，它们也不需要铁轨。当时，除了铁路之外，几乎没有其他的交通事业。很多工厂虽有铁路支线通向附近的火车站，但仍不能满足大量产品运往各地，军事部门为了能够在任何地方运送军队和给养也对机动车辆发生了兴趣。

机动车通过改进，在19世纪，已分成不同的种类，开始出现载

重汽车、“机动出租车”、公共汽车、机动喷水救火车、机动犁、拖拉机、赛车等。尽管如此，汽车普及的主要问题有价格昂贵以及其他技术上的缺陷并且现有的公路不适应高速行车。造价昂贵的原因之一在于制造汽车的方法，每辆汽车都是“繁重的手工”制造出来的。汽车要能站稳脚跟，只靠行驶，或靠比马、自行车、火车行驶得快是不够的。它的售价要让人买得起。这就是说汽车要大量生产，它的部件应易于更换，这种办法在其他工业部门已证明行之有效。第一批认识到这个道理的人当中有一个美国人，叫亨利·福特。他在1892年设计了他的第一辆汽车。1902年，他成立了“福特汽车公司”，后来这家公司发展成为世界上最大的汽车康采恩之一，他力图通过倾销大量廉价车来保证他的利润，采用“流水作业制”，只生产一种型号的汽车产品，对于福特公司来说就是汽车在制造过程中由一个工作点被输送到另一个工作点。生产分成许多工段，每个工段的工作都简单易行，它们一个个地衔接好，于是整个生产过程在一条不断的“自动”的流水似的工艺程序中完成。而工人在流水线旁始终完成单一的工序，所以福特可以大量利用受过不多训练、工资低廉的劳动力。七年以后，福特的企业每年出售1万辆汽车。后来，“小莉泽”牌钢板车，一种具有22.5马力、最高时速为60公里的结实耐用的汽车普及到全世界。到1927年为止已销售了1 500万辆。在德国、意大利、捷克等国也建立了大型汽车制造厂。

汽车工业推动了其他工业的发展。橡胶工业、石油工业、电气设备企业都要求有进一步的发展以适应汽车业的需求。

1914年世界上大约有200万辆汽车。这对20年前才出现汽车来说，数量不小了。25年后，汽车数量达到了4 000万辆。40年前，人们看到第一批汽车时感到很惊异，而现在，人们看到出租马车这类老古董时也同样感到惊异。

汽车在我们以后的文明社会中的地位越来越重要，汽车工业将更加飞速地发展。

大鹏展翅

“鱼在林间跃，鸟在湖底飞”，这是大自然的奇妙景观，看着鸟儿在空中自由自在地展翅，我们不禁羡慕不已，要是人类也生出一双丰满的羽翼该有多好呀！

为了能像鸟儿一样飞翔，人类不断地探索着，进行着各种各样的尝试，不知为此付出了多少艰辛与代价，。

人类的空中旅行开始于1783年。当时有人将第一个“热气球”送上了天空。气球外壳是用多层帆布做的，里面用纸密封，能装入600立方米热空气。开始时气球上还没有乘客，当它上升到约2000米的高空后，飞行了几公里后降到地面。后来，一只羊，一只鸭子和一只鸡成功地作了一次联合飞行。在用氢气代替热空气后，气球飞行的距离就更远了，法国人曾乘氢气球飞越了英吉利海峡。

利用气球，人可以离开地面，但是他能到达什么地方是身不由己的，这主要取决于风的恩赐。此外，由于气球外壳有某些地方不密封以及一些其他条件，气球成不了一种交通工具。直到可以生产氢气和用液体橡胶制造轻而不漏气的材料以后，气球建造才取得了真正的进展。气球适用于完成某些特殊任务，在战争期间被用于侦察、向外运送人员、信鸽和邮件。气球在科学研究工作中同样有用。空气和云的带电情况，声的传播和声速，空气的成分，水的沸点及其他数据都可以通过高空气球来测量。

不受风向和风力影响可以朝预定目标飞行的飞艇，在汽油发动机发明后，由戴维·施瓦茨设计完成，但在1897年的第一次航行时，由于机器发生故障，飞行失败，飞艇也坠毁了。接着最著名的飞艇发明家费迪南德·冯·齐柏林决定突破前人的设计方案而设计一种“硬”结构。飞艇不用“支承气体”而用一种轻质金属骨架支撑，在骨架内放上充有氢气的“气球网”。发动机和驾驶室在飞艇肚下。几经失败，飞艇最后在两小时内飞行了几百公里，终于证明齐柏林的设计思想是正确的。从前持观望态度的军事部门如今对飞艇也发生了兴趣，从齐柏林的飞艇制造厂订制了两架军用飞艇。这位发明家一下子从“疯伯爵”变成了民族英雄。飞艇每次飞行，都要悬挂彩旗，击鼓奏乐，发表讲演以示庆祝。从此以后，坐落在博登湖畔的飞艇制造厂生意兴隆，出现了空中交通。世界上第一个航空公司“德国航空股份公司”的7架飞艇在5年间进行了16 000次飞行。主要是为军事的服务。

后来又出现了著名的德国“齐柏林伯爵”号飞艇，在这架飞艇身上集中了过去一切经验。它作了一次世界旅行，一次向北极地带的考察飞行，苏联科研人员也参加了这次航行，还定期向南美作了150多次运送旅客的飞行。“LZL129”号飞艇造于1936年。它以几乎比快速列车高一倍的速度把旅客运过大西洋上空。1937年5月6日晚上，一场急风暴雨使得“LZL129”飞艇无法按计划飞抵美国的莱克赫斯特上空后平安着落，只能停留在空中。直到一小时后暴风雨停息，才开始降落。但是随着一声爆响，艇尾炸得粉碎，几秒钟后飞艇就成了一个巨大的火球慢慢地落向地面。艇内98人中有三分之一死亡或受了重伤，降落失败了。这次莱克赫斯特上空的灾难暂时结束了采用“轻于空气”原理的空中旅行。

“重于空气”的飞行，即“鸟类飞行”的计划和试验并没有完全停顿下来。当人们认识到，气球并不能满足开发要求时，就进一步加强了这种试验。最早从事飞机研究的人中有一个人名叫乔治·凯利，他在19世纪初用滑翔机模型做试验，阐明了一些驾驶飞机的办法。他正确地认识到，飞行的关键首先在于拥有重量轻而效率高的推进器。因为要腾空而起，光靠人力来推动是不够的。俄国人亚历山大·费多罗维奇·莫沙伊斯基，结合物理测量方法研究鸟类飞行，他用一辆带有重物的"测量车"找到了机翼的最佳偏角。1876年，他展出了一架利用钟表机构驱动的飞机模型。后来，在一个较大的飞机上又安装了一台蒸汽机。当然，在沙皇俄国这位发明家不可能取得大成就。法国人克莱芒·阿代尔，按照蝙蝠的模样设计了他的第一架飞机。他对蝙蝠的飞行动作进行了透彻的研究。1890年秋，一架由四叶空气螺旋桨和一台20马力道的蒸汽机驱动的飞机进行了试飞，它离地面只有几公尺。由于国防部的资金支持，阿代尔制造出一架跨距为16米，由两台20马力的蒸汽机驱动的飞机。但是，一阵狂风将这架已成功飞行了300米的飞机摔得粉碎。这时，阿代尔已在《军事航空》中预示了未来军事航空的意义。在德国的飞机开拓者中，奥托·利连塔尔令人永志难忘。他是柏林的一个工程师，曾设计过蒸气锅炉、热空气发动机、采煤机以及"采石箱"等。早在高中时代，他便和他的兄弟一起经历了成功和失败的经验以后，认识到只有循序而进，试验才能成功。第一步应研究利用重力作为飞机前进动力以及浮力作为克服飞机下坠力量的滑翔飞行。只有掌握了滑翔飞行，下一步才能使用发动机进行飞行。因此，他首先用滑翔机模型做试验。试验成功后，他又逐步把飞机加大到能承载这位发明家自己的重量。然后，又是一阵狂风使他的试验寿终正寝，飞机坠落下来，利连塔尔在被人从飞机残骸中救出后的第二天就死去了。

生命不息，探索不止。人类向未知探索的精神永远都不能够

被困难与死神吓倒，越是艰险越向前。

美国俄亥俄州的自行车机匠威伯尔·赖特和奥维尔·赖特兄弟，积累了必要的经验后，设计了一架滑翔机。并且掌握它的双翼飞机的本领。他们终于可以进行利连塔尔未能实现的带发动机的飞行试验了。但是，当时还没有找到一种重量轻而功率大的发动机足以使飞机具有必要的推动力。人类有坚定的信念，有无穷无尽的创造力。1892年曾经有人预言："到1922年就会有飞向四面八方的、改善国际交通的飞机。"赖特兄弟觉得要实现自己的想法，只有亲自去设计飞机发动机。1903年12月他们终于成功地制造出可以安装在飞机上的发动机。

1903年12月14日是个值得纪念的决定性的日子。威伯尔·赖特坐上了他的由两个空气螺旋桨驱动的飞机。飞机飞了30米后降落下来，三天后，飞机飞行了260米。他们再接再厉，定向飞行的距离超过了40公里。用发动机的飞行终于实现了！

最初，赖特的试验几乎没有受到大家的重视。工业家们没有想到要去支持它，因为当时看不出会获得多少利润。军事部门几十年来对那些毫无意义的飞行计划已司空见惯，也不支持赖特的试验计划。尽管如此，"飞机迷"们并不气馁。有的人从研究飞艇转向研究飞机，有的人也试验成功了发动机飞机。他们的成就越来越显著。赖特兄弟带着飞机来到欧洲，他们在两个半小时内飞行了135公里，还首次在双座飞机中运载了旅客。有人乘坐单翼飞机飞越了英吉利海峡，有人在柏林创造了飞行高度为204.3米的世界纪录，有一位勇敢的飞行员飞越了阿尔卑斯山，俄国的飞行员以每小时90公里的航速从塞瓦斯托波尔飞到了彼得堡，又从彼得堡飞到了柏林。

飞机不再是"自杀的工具"了。法国、英国、德国和俄国的车辆厂及汽车制造厂，甚至连电气公司都开始制造飞机了。此外，还出现了专门的飞机制造厂。

此时已系统地奠定了航空科学的基础。人们认识到,一架飞机在空中停留和运动要比一个风筝复杂得多,要求提出有关飞行的数学物理的理论。德国和俄国的物理学家们为建立空气动力学作出了重大贡献。

然而,要把飞机作为真正的交通工具,其可靠性还不够,费用也太贵。因此,需要作大量的改进。飞机的结构形式在不断改变,对空气动力学的研究更加注意了。机身不采用格栅型,而采用密封式流线型了。发动机、武器装备和其他技术装备也得到了改进。除了用无线电报告观察结果和指挥炮火的侦察机,除了深入敌人后方从事专门摄影的飞机以外,空中还出现了高速战斗机和轰炸机。战后,飞机被用于民用航空事业,许多国家成立了运送邮件和旅客的航空公司。此时,航空运输需要可靠、迅速、航程远、比较舒适的飞机。技师和企业家胡戈·容克提出了一项连专蒙都感到大胆的计划,他完全放弃采用木头或金属骨架、帆布外壁和拉紧钢丝的旧式飞机结构,而代之以张臂式的全金属单翼飞机。虽然他使飞机的功率得到提高,但设计方案和原型机仍遭到拒绝。不久,他的工厂生产出了著名的“F13”型飞机,这是一种全金属的飞机。它的每个细节都是根据民用航空的条件而设计的。它为发展民用飞机提供了一个良好的开端,后来,这种类型的飞机开始向国外大量出售。

1918年,苏联建立了“中央空气和流体动力学研究所”,这是世界上第一个为广泛研究和发展航空科学而建立的研究机构。

无数次远距离的航行证明了飞机的功能。飞机的速度在不断地提高,但要想进一步改进,就必须在驱动原理上另觅途径,必须加强研制火箭发动机或是喷气式发动机。1947年,这方面取得了很大的进展。装上喷气式发动机的试验机首次超过了音速。现在最高时速已达到3 500公里。

人们希望空中旅行也能度过几天而不是几小时的旅程。航空专家们指出用飞艇能实现这种愿望。自莱克赫斯特不幸事故发生以后，只有小型飞艇用于冰上巡逻，帮助捕鱼或做广告之用。而如今制造的飞艇大有改进，这是由于充了氦气，飞艇更加安全，同时加大发动机功率，这样就大大加快了其飞行速度。飞艇的飞行时间基本上可由人们自行控制，长时间飞行可以使旅客和度假者在空中航行时一饱眼福，而且同在旅馆内一样舒适。它还可以作为运输工具，运送建筑材料，或在森林资源丰富和交通闭塞的地区运输木材。

飞机以及飞艇的设计在日新月异地发展着，到了2000年，飞机将会是什么样子呢？波列夫教授认为今后将会出现运载1 000名旅客，每小时飞行1万公里的巨型客机，它在两小时内就可以绕地球半周。但相应的要解决许多问题：建立能安排这种巨大人流的飞机场；研制使飞机能达到时速1万公里的核动力发动机，建造这种巨型新型飞机的材料；使用激光焊接或高真空扩散焊接等新的工艺；研制可以整体制造超音速巨型飞机的金属加工新方法……人类的探索精神是永无止境的，在这种不断深入研究实践的过程中，人类的羽翼不断丰满，像大鹏一样翱翔在创新的天空之中。

电脑奇才

被人盛赞为“电子计算机之父”的冯·诺依曼1903年出生于匈牙利一个犹太人家庭，从小聪慧过人。他六岁时就能用心算做八位数除法，八岁掌握了微积分，十二岁能读懂《函数论》。他是位罕见的神童，记忆力惊人，他过目成诵，电话号码簿只要看一遍，

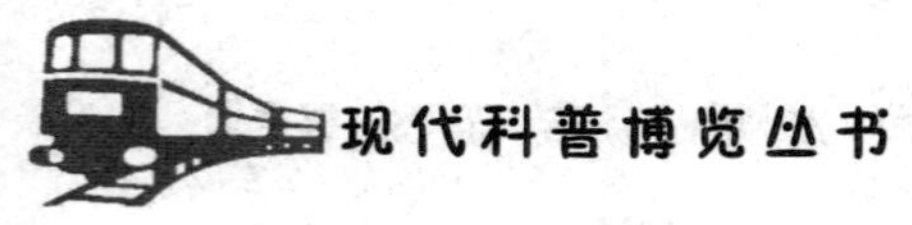

就能记住其中的姓名、地址和电话号码。他思考问题和进行运算的速度也十分惊人,上学的时候,经常是数学教师刚出完题目,他便把难题解出来。后来,在他领导研制的电子计算机进行初步调试时,他和计算机进行了一次有趣的比赛:具有下列性质的最小幂是什么,当它的十进数字第四位是7时?结果诺依曼领先于计算机。

过人的天资是成功的必要条件吗?只有具有聪颖的头脑才能成为科学家吗?当然不是。我们都知道,自古以来神童很多,但是能成大器的,毕竟是少数。在科学的崎岖道路上攀登不仅需要聪明,更重要的是要有勤奋努力、刻苦钻研的精神。冯·诺依曼就是如此。他总是一大早就来到普林斯顿研究院,孜孜不倦地工作,决不浪费一分一秒的时间,回家又是通宵达旦地写作。他的助手曾经回忆冯·诺依曼整理文稿的事情,当时,他已是闻名世界的数学家,还如此严格要求自己,专心致志地沉浸在工作之中,真是难能可贵。

他初期的工作主要集中在纯数学方面。在集合论、量子论和算子论方面,都有创造性的杰出贡献:他对序数给出了新的漂亮定义,并为数学界普遍采用;他在《量子力学的数学基础》中,奠定了量子力学公理化的基础;他由于在算子论方面最富独创性,被誉为这个领域无可争辩的大师。1940年,他的科学生涯有了一个转折,主要精力转向应用数学方面并且又作出了许多重大贡献。他参加了研制原子弹的“曼哈顿工程”,解决了不少紧迫的应用数学问题。他在冲激波、流体力学、弹道学、爆炸学等课题方面,都做了出色的工作。

人们最称道的是博弈论和电子计算机的开创性研究。博奕,原是赌博或下棋、打牌之类如何获胜的一种策略。而诺依曼别出心裁地借用它来作数理经济分析,改变了过去主要用微积分来分

析，把经济问题当作古典力学问题来处理的传统方法。博弈论已成为重要的数学分支，在科学管理和决策中得到了应用。有人甚至认为，博弈论是“二十世纪前半期最伟大的科学贡献之一”。在研制第一颗原子弹的时候，诺依曼遇到了大量计算上的困难。尽管有成百名计算员终日用台式计算机不停地演算，还是远远满足不了需要。在研究流体力学等问题时，他也碰到了非线性方程等棘手问题。1946年试制出的第一台计算机并不令人满意，速度不够快。这时，许多的“好心人”劝他不要冒失败的风险，停止研制。冯·诺依曼则自己亲自设计了各种编制计算机程序的方法；制订了一种新的“存贮”方法；引入了“代码”的逻辑体制，通过它，一个固定的线路系统可以解决各种各样的问题。同时，他还深入研究了人脑和“电脑”的异同，提出了研制自动机和自我复制机的战略方向。如今，电子计算机能够迅速地发展和极为广泛地应用了。

冯·诺依曼——这位多才多艺的伟大学者虽然已被癌症夺去了生命，但他留给后人的科学财富和奋斗精神是不朽的。

爱才不分性别

1935年5月3日，美国《纽约时报》刊登了一篇声明，称一位“女士是自妇女开始受到高等教育以来最重要的、富于创造性的数学天才……她的这套方法，使纯粹数学成了一首逻辑概念的诗篇”。这篇声明是大名鼎鼎的爱因斯坦写的。

是谁，又因为什么，使能够翻天覆地的爱因斯坦这么大加赞赏呢？

抽象代数是数学的一个分支，奠定现代抽象代数基础，使其真正成为这个分支的就是爱因斯坦赞赏的女士——德国女数学家爱米·诺特,她因此被称为“抽象代数之母”。

1882年3月23日,诺特出生在德国南部小城爱尔兰根,一个犹太人之家。第一次世界大战爆发后,她的父亲退休、母亲病故、弟弟从军,此前依靠家庭的她不得不另谋生计。于是,她在1916年再次来到哥廷根大学找到希尔伯特——第一次到哥廷根大学是1907年,是来听希尔伯特等数学家的课的。

德国数学家希尔伯特(1862–1943)是一位成就卓著、学识渊博、正直开明、主张种族平等和男女平等的大数学家。他和当时在瑞士苏黎世大学的德国数学家赫尔曼·魏尔(1885–1955),答应帮助才华横溢、知识渊博的诺特,在哥廷根大学谋到一个讲师职位。虽然他并不是诺特的“邻里乡亲”。

然而,事情并不顺利。这所大学虽然是德国第一所准许给女性授予博士学位的高等学府,但却依然拒绝让女人当讲师。

在讨论是否聘用诺特时,一位哲学系教授说:“如果让她当讲师,以后她就会成为教授,甚至进入大学评议会。”难道能允许一个女人进入大学最高学术机构吗?

另一位教授附和道:“我们的战士从战场回到课堂,发现自己将拜倒在女人脚下读书,会作何感想呢?”

听到这些荒唐的发言,希尔伯特不禁怒发冲冠,他激动地站了起来,以坚定的口吻批驳道:“先生们,候选人的性别绝不应该成为反对她当讲师的理由。大学评议会毕竟不是洗澡堂!”

好个“大学评议会毕竟不是洗澡堂!”他是希尔伯特对人——特别是“弱势群体”的关爱!

不过,在茫茫黑夜之中,希尔伯特这一点火光太微弱了。他的反驳无济于事,歧视妇女的势力占了上风,诺特当讲师的提议被否定了。

没有职业，诺特如何生活呢？希尔伯特的爱心永不泯灭。他终于想出了高招——自己张贴告示，让诺特以他的名义开设不变式论这门课程，以取得微薄的报酬。

其后两年，诺特根据德国数学家克莱因的建议，继续进行研究，发表了一篇为广义相对论给出纯数学严格证明的论文，和一篇从数学角度导出物理中守恒定律，从而被称为“诺特定理”的论文。这两篇出色的论文，加上第一次世界大战后德国内部掀起的那场民主运动，多少解脱了一些套在妇女身上的枷锁，终于迫使哥廷根大学于1919年让诺特成为该校第一个女讲师，但此时她已37岁！

1933年1月，希特勒上台后，犹太人受到迫害，诺特被解职，10月被迫流亡到美国。

1935年4月14日，一生坎坷的诺特，不幸在癌症手术之后，在美国与世长辞。

菲尔兹奖的诞生

提起诺贝尔奖，可以说是家喻户晓。遗憾的是，数学这一重要基础学科却没有设奖，这很不利于鼓励数学研究——虽然20世纪80年代瑞典皇家科学院增设了克雷福德奖，为重大数学成果提供了高额奖金。

那么，数学界又有没有与诺贝尔奖相当的奖项呢？

加拿大约翰·菲尔兹（1863-1932）是一个成就卓著的数学事业的组织者、管理者，担任过国际数学家大会（简称ICM）组织委员会主席。

菲尔兹的童年是不幸的。11岁父亲去世，18岁母亲病故，但他仍自强不息。自1880年考入多伦多大学攻读数学后，又于1887年获得美国霍普金斯大学博士学位，1889年在美国柯勒格尼大学担任教授。但他并不满足。由于当时世界数学研究中心在欧洲，为了学习欧洲的数学理论和研究方法，他便远涉重洋，从1892年起先后到巴黎、柏林工作、学习达十年之久。

1924年，菲尔兹主持了在多伦多召开的第7届ICM，这次大会对推动北美的数学事业的发展起了巨大的作用。这次大会之后，他为了推动整个国际数学事业的发展，改变长期没有权威国际数学大奖的局面，便向各国数学家建议，利用这届大会结余的经费作为基金，设立一项国际数学奖。他还建议，为了强调国际性，不以任何数学家的名字命名。

那为什么菲尔兹在这时才建议设立这一奖项呢？原来，1920年在法国斯特拉斯堡举行了第6届ICM，由于这座城市在第一次世界大战前是德国的领土，一些德国数学家就拒绝参加大会。菲尔兹觉得这种倾向会妨碍数学研究的国际性，于是在第7届ICM之后，提议设立这一奖项便很自然了。

不幸的是，在第9届ICM于1932年即将召开前约一个月，菲尔兹溘然长逝。生前，他将他的遗产捐赠给该奖项做基金。其余资金则来源于1924年第7届ICM的结余。

1932年第9届ICM如期举行。大会经过慎重讨论决定，不采纳菲尔兹生前对该奖项不以人名命名的建议，决定以菲尔兹的姓氏命名这一奖项，“菲尔兹奖”由此正式设立。

这样，一个不想留名的菲尔兹，反而因为用他的名字命名了菲尔兹奖，而流芳百世了。

这是科学史上有趣而生动的一页。莎士比亚的诗说：“白石或帝国的镀金纪念碑，都不能比我这有力的诗活得更长。”历史

上，有不少当时炙手可热的帝王将相，把自己的名字镌刻在他们认为可以万古存留的碑石上，但历史却让它灰飞烟灭。而那些不想留名，但实实在在为人类谋利的科学家们的名字，却在我们心中永驻。“随之我们会看到智慧和学问之碑怎样远比权力或武力之碑更加长垂不朽。”弗朗西斯·培根在1605年《学术的进展》中的这段话，是对莎士比亚的诗的最好的诠释，也是对设立菲尔兹奖这“有趣而生动的一页”的最好评价。

1500美元的菲尔兹奖奖金，虽然比起几十万美元的诺贝尔奖来说微不足道，但却比诺贝尔奖更难得到。

首先，它不是每年颁发，而是四年一次，每次1-4人。从1936年开始颁发至2002年（中间因第二次世界大战中断，1950年恢复）共44人得奖，平均每年不到0.7人。而同期各诺贝尔奖项平均每年超过1.4人。

其次，菲尔兹奖不成文的规定是，只奖给40岁以下的年轻数学家——开始，对“年轻”并无明确规定。而诺贝尔奖没有年龄的限制，只要在世就行。事实上，有许多诺贝尔奖得主，都是在他们的成绩被搁置多年之后才获奖的。最著名的实例是，1931年，年仅25岁的德国科学家鲁斯卡发明了电子显微镜，历经半个多世纪的沧桑，终于在1986年荣获诺贝尔物理奖，这时他已80岁高龄了。

正因为以上原因，国际上许多第一流的数学家都没有得到菲尔兹奖：冯·诺伊曼、嘉当、韦伊等。

菲尔兹奖金和奖章——正面为阿基米德头像，在每4年一届的ICM上颁发。